JN156239

特別支援教育ですぐに役立つ！

ICT活用法

ソフトバンクによるモバイル端末活用研究
「魔法のプロジェクト」の選りすぐり実践

Gakken

本書の「タブレットPCを使った実践事例」は、「iPad」を使用しています。

＊iPadはAppleの登録商標です。

はじめに

佐藤里美（ソフトバンク株式会社／魔法のプロジェクトディレクター）

障害や困難のある子の学びをテクノロジーで支える

「魔法のプロジェクト」は、東京大学先端科学技術研究センター、ソフトバンク株式会社が連携して進めるプロジェクトであり、今年で9年目を迎えました。プロジェクトの目的は、障害や特性などにより、学ぶ意欲はあっても通常の方法では難しい子どもたちをテクノロジーで支えることです。携帯情報端末を実際に教育現場で活用してもらう「研究協力校」を公募し、より具体的な活用事例を発表していくことを通してその有効性を検証するとともに、障害のある子どもの学習や社会参加の機会を増やすことを目指しています。

本書では、これまでの実践研究の中から、学校現場で参考としていただきたい研究事例を選りすぐり、紹介していきます。

研究発表会で特別講演を行う中邑賢龍氏（東京大学先端科学技術研究センター／魔法のプロジェクトプロデューサー）

その前にプロローグとして、プロジェクトを実施する中で見えてきた課題とテクノロジーの活用のあるべき姿などをお伝えしたいと思います。

近年、先生方から「いいアプリを教えてください」と、よくご質問をいただきます。どのようなアプリをご希望なのかを伺うと、「面白いもの」や「無料のもの」といった答えが返ってきます。また、「よい事例と同じアプリや機能を使用して子どもに同じ指導を行ったが、成果が得られなかった」というご意見もいただくようになりました。

これらのご意見には、同じ背景があると想定されます。それは、子どもの困りの状態と原因となっていることへのアセスメントの不足です。教師たちの担当する子どもはみな違います。どんな困難のある子どもにどのような指導をしたいのかは、先生自身にその子の実態をみて考えていただくしかないのです。

例えば、文字の読みに課題があるとしても、読めないとはどういったことなのでしょうか。その子の読むスピードが学齢の標準より遅いのか、読み飛ばしや勝手読みをするなど正確性に課題があるのか、そもそも文字を音に置き換えるデコーディングが苦手なのか、内容を理解することが難しいのかなど、さまざまな理由が想定されます。

どんな子にも合うオールマイティなアプリというのは、残念ながらありません。しかし、「この子はここが苦手で、ここを補ったらもっと先に進める」と教師が想定できれば、それを児童生徒自身が使い、補うことのできる機能やアプリはあります。それらを教師が見いだせるようにと、本書はつくられ、また今後も当プロジェクトは活動していきたいと思っています。

卒業後も子ども自身の力となる指導・支援

特別支援教育は、英語では special needs education と訳される通り、生徒一人ひとりに合わせた学びを支える指導です。教師はたとえ何人かの児童生徒を担当していたとしても、それぞれの子どもに個別に対応する必要があります。それを実際に日常の中で行うことはとても大変で、高い専門性と力量が必要です。

だからこそ、そんな教師の指導を助け、そして児童生徒たちが社会に出ていくときに、教師がいなくとも、自身のもつ力を発揮していけるように、児童生徒自身の力の一部となれるテクノロジーが必要なのではないかと思います。

人はみな、同じ能力をもっているわけではなく、得意・不得意があります。その振れ幅が標準であるかどうかで、学びやすさが異なってくるのです。そして自分が標準にいるのかどうかは、子どもには特にわかりにくいはずなのです。例えば、生まれつき見え方に課題があったとき、自分はほかの人より見えていないことに気がつきにくく、視力を矯正して初めて見えていなかったことに気づくことがあるでしょう。さらに、その困難が外見などからわかりにくい「読むことや書くこと」などにあるとき、気づくのはより難しく、通常の学び方でたくさんの努力をしても、結果が伴わない場合があります。

子どもたちの学ぶ期間は限られています。在学中にたくさんのよい学びができるように、苦手や困難を補うテクノロジーの活用も指導の中に取り入れていただければと願っています。

読み・書き困難のアセスメントに役立つ「そうか！」チャート

発達障害、その中でも読み・書きの困難への支援方法を見つけるのは難しいと感じる教師が多いようである。そこで、島根県松江市立意東小学校の井上賞子先生と福岡県飯塚市の杉本陽子先生、佐藤里美の3人で、マイクロソフト社の協力のもと作成し公開しているのが「そうか！」チャートである。

「そうか！」チャートは、児童生徒の読み書きの困難を、主として、①「書き」にある場合、②「表現」にある場合、③「読み」にある場合（「読み」と「書き」両方にある場合も含む）に大別しており、子どもの姿を起点としてチャートをたどると、改善の目安をもち、状態を確認し、環境を調整する手だてが大まかに示される。環境調整により改善されない場合には、さらに支援の工夫や代替手段、チャートにかかわるケースなどが段階的に示される。

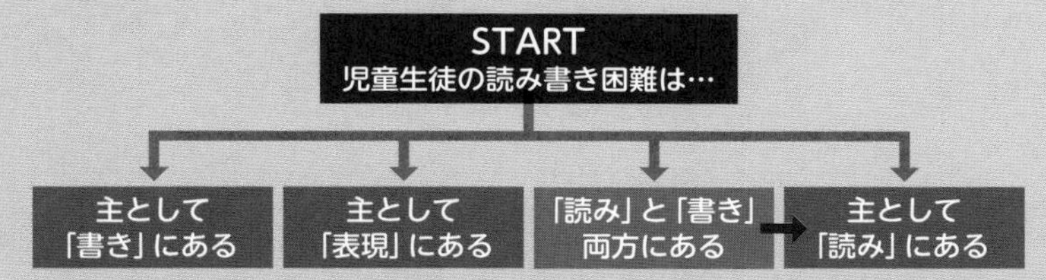

https://www.microsoft.com/ja-jp/enable/dyslexia ＊P8〜10に各チャートの展開図を紹介する。

支援に役立つテクノロジー 一覧

教 凡例… 教師が行うもの（この表示のないものは児童生徒が行う）

	電子メール/SNS	web検索/辞書	コミュニケーション・エイド	地図・GPS	メモ/ワードプロセッサ	音声認識	概念マップ（マインドマップ）	手書きメモ/お絵描き	カメラ/動画
知的障害、知的障害を伴う自閉症	音声言語でのやり取りが苦手でも、文字による視覚的なやり取りができる／ゆっくり時間をかけて読み、理解できる	漢字や言葉の意味がわからなくても、すぐに調べられ画像や動画でイメージをつかめる	発話や音声言語理解が困難でも、写真・シンボルや文字、録音音声の組み合わせを通じて周囲とコミュニケーションできる	自分の居場所や目的地への経路を把握する助けとする／自分の居場所を伝えて支援を求められる	音声言語でのやり取りが苦手でも、文字による視覚的なやり取りができる				言葉で表現できないものをカメラで記録する 教
高機能自閉症、アスペルガー症候群	音声言語でのやり取りが苦手でも、文字による視覚的なやり取りができる	漢字や言葉の意味がわからなくても、すぐに調べられ画像や動画でイメージをつかめる	発話や音声言語理解が困難でも、写真・シンボルや文字、録音音声の組み合わせを通じて周囲とコミュニケーションできる	自分の居場所や目的地への経路を把握する助けとする／自分の居場所を伝えて支援を求められる	音声言語でのやり取りが苦手でも、文字による視覚的なやり取りができる		文章をつづって表現することが難しい感情や意見、考えを概念マップをとおして表現する		口頭で表現できないことを写真で伝える／作業手順を視覚的に見せてもらって理解できる
読み書き障害（ディスレクシア、ディスグラフィア）	紙とペンで文字を書くことが困難でも、入力に置き換えることで書ける（予測変換や漢字変換との併用も有効）	漢字や言葉の意味がわからなくても、すぐに調べられる		自分の居場所や目的地への経路を把握する助けとする／自分の居場所を伝えて支援を求められる	紙とペンで文字を書けなくても、入力して書ける（予測変換や仮名漢字変換との併用）	紙とペンで文字を書けなくても、音声入力で文章を書くことができる	文章をつづって表現することが難しい感情や意見、考えを概念マップをとおして表現する	書字の過程を動画記録できるペイントアプリで、生徒の書字の結果からは見えづらい困難を教師が把握する 教	手書きで書字をしてメモを取る代わりに撮影して記録できる
注意欠如・多動性障害（ADHD）	注意の転導で見落としがあっても、落ち着いて理解する、事後的に内容を確認する	他人に質問することが苦手でも、自分で調べられる		自分の居場所や目的地への経路を把握する助けとする／自分の居場所を伝えて支援を求められる	気が散って覚えておきたいと思ったことを忘れやすくても、その場でメモし記録できる		文章をつづって表現することが難しい感情や意見、考えを概念マップをとおして整理し表現する		気が散って覚えておきたいと思ったことを忘れやすくても、見たままを撮影して記録できる
肢体不自由	文字を書く動作が困難でも、入力とメールによる送信であれば伝達したい内容を書き、伝えられる	通常の紙の辞書を持ち運び、ページめくりすることが困難でも、調べられる		移動が困難でも自分の居場所を伝えて支援を求められる／事前に地図と現地の映像を使って現地の状況を知ることができる	文字を書く動作／メモした用紙を手でめくることが困難でも、キー入力で可能となる	紙とペンで文字を書けなくても、音声入力で文章を書くことができる		鉛筆で紙に書く動作が困難でも、直接指や体の一部を使って／自助具の補助により画面に書字や描画ができる	文字を書く動作が困難でも、書字メモの代わりに撮影して記録できる
聴覚障害	電話などでの音声の聞き取りが困難でも、文字による視覚的なやり取りができる	漢字の形と意味はわかっていても音声での読みがわからず入力できない場合にも、手書き入力機能により読みが調べられる	発話や音声言語理解が困難でも、写真・シンボルや文字、録音音声の組み合わせを通じて周囲とコミュニケーションできる	自分のいる場所がわからなくても、人に伝えて支援を求められる（音声読み上げ、電子メールとの併用）	音声の聞き取りが困難でも、筆談のツールとして使える	他者の発話を文字に変換して読むことができる／音声認識アプリに対して発声してみて、自分の発声の正しさを自分で確認できる		画面に書き込んで筆談ボードとして使い、周囲とのコミュニケーションを助ける	撮影したものを相手に見せて、状況説明の材料にできる／字幕付きの動画を教材として活用できる
構音障害	音声での発話が困難でも、文字による視覚的なやり取りができる				音声での発話が困難でも、筆談のツールとして使える			画面に書き込んで筆談ボードとして使い、周囲とのコミュニケーションを助ける	撮影したものを相手に見せて、状況説明の材料にできる
視覚障害	書いた文字が見えなくても、伝達内容を入力して書き、音声読み上げを併用することで確認できる	文字が見えないため紙の辞書が使えなくても、キー入力とネット検索により調べ物ができる			書いた文字が見えないため紙とペンの使用が困難でも、入力で記録できる（音声読み上げとの併用）	紙とペンで文字を書けなくても、音声入力で文章を書くことができる（音声読み上げとの併用）			子どもに見えにくい情報（例：鍼灸治療の手元の動きなど）を画面に表示し見やすく調整する
記憶障害	やり取りの内容を覚えることが困難でも、メールであれば記録が残り、いつでも内容を確認できる（検索も可能）	記憶しておくことが苦手でも、自分で調べられる		自分が行った場所を記録して、事後の確認や思い出しを助ける（カメラとの併用）	記録内容を覚える・思い出すことが困難でも、いつでも内容を確認できる（検索も可能）			思い出す手助けとなるメモを絵として描いて残すことができる	覚えておくことが困難でも、撮影して記録できる
病弱	離れた場所との間（病院にいる子どもと教室の同級生）でコミュニケーションを行うことができる	外出が難しくても、インターネットを通じて多くの情報に触れることができる		外出が難しくても、地図と現地の映像を使って現地の状況を知ることができる				タブレットPCの画面をベッドサイドで書き込み可能な電子黒板として利用できる 教	学校生活の様子など入院中に知ることのできない様子を動画を通じて知る
重度重複障害			発話や音声言語理解が困難でも、シンボルや文字、録音音声の組み合わせを通じて子どものYes/Noの表出を引き出す 教						子どもの動作や表情のフィードバックとしてカメラをとおした動画を提示する（記録ができる／鏡より安全性が高い） 教

ビデオ通話/動画配信	音楽再生	録音	デジタル教科書/教材	シンプルテクノロジー/遊び	スケジュール管理（タイマー/スケジュール/リマインダー/アラーム/タイムエイド）	プレゼンテーション	ファイル共有	アクセシビリティ
口頭で表現できなくても周囲の状況を確認することができる	言葉の理解が難しい子どもにも、音楽やメロディを学習や作業のきっかけとして提示できる 教	本人が聞き取れなくても、録音しておいた内容を人から説明してもらえる	音声や画像、動きのある教材で障害のある子どもも読書を楽しむことができる／ページめくりもタッチ操作で容易に行える	画面を触ったり発声したりすると反応するアプリを使って、子どもの周囲への自発的な反応を引き出す 教	先の予定／時間感覚を自分で把握することを助ける	校外学習や実習などの情報を教師が子どもにわかりやすく伝える／言葉だけではわかりにくい情報をイメージで伝える 教		
口頭で表現できなくても周囲の状況を確認することができる	音声言語の理解が難しい子どもにも、音楽やメロディを学習や作業のきっかけとして提示できる 教	本人が聞き取れなくても、録音しておいた内容を人から説明してもらえる／聞き直して確認できる	音声や画像、動きのある教材で障害のある子どもも読書を楽しむことができる／ページめくりもタッチ操作で容易に行える		先の予定／時間感覚を自分で把握することを助ける	校外学習や実習などの情報を教師が子どもにわかりやすく伝える／言葉だけではわかりにくい情報をイメージで伝える 教		
		書字メモの代わりに録音して記録できる	音声や画像、動きのある教材で障害のある子どもも読書を楽しむことができる／文字の大きさなど見やすい表示に調整できる					音声読み上げ機能や、画面のズーム機能を使い見えにくさを補ったり、白黒反転機能によりコントラストを調整して見やすくできる
		気が散って覚えておきたいと思ったことを忘れやすくても、聞いたままを録音して記録できる	音声や画像、動きのある教材で障害のある子どもも読書を楽しむことができる／ページめくりもタッチ操作で容易に行える		気が散って（または過集中のために）作業を見失っても、継続中の作業内容、休憩や作業時間の終了に気づける	授業などの進行に合わせたスライドで、今何が行われているかを子どもが把握しやすく／注意を向けるべき場所をわかりやすくする 教		
離れた場所との間でコミュニケーションを行い経験を広げる		文字を書く動作が困難でも、書字メモの代わりに録音して記録できる	音声や画像、動きのある教材で障害のある子どもも読書を楽しむことができる／ページめくりもタッチ操作で容易に行える／持ち運びも容易	画面を触ったり発声したりすると反応するアプリを使って、子どもの周囲への自発的な反応を引き出す 教			印刷物を他者へ渡したり持ち運ぶことが困難でも、タブレットPCやパソコンを経由してファイルの形でやり取りができる	指一本の動きだけで操作できるようにOSの機能を調整できる（例：iOS標準のAssistiveTouch）
授業や講演などの遠隔要約筆記（ビデオ会議により届く音声を遠隔地でタイピングし、テキストチャットで子どもに送り返す）		本人が聞き取れなくても、録音しておいた内容を文字に変換して読むことができる（音声認識との併用）	聴覚を通じて得られにくい言語的な情報を、教師が子どもに視覚的な情報で提示することで補う		予定に気がつきにくくても、自分で気づける（バイブレータとの併用も有効）	聴覚を通じて得られにくい言語的な情報を、教師が子どもに視覚的な情報で提示することで補う 教		
子どもに見えにくい情報（例：鍼灸治療の手元の動きなど）を画面に表示した動画を通じて見やすく調整する		書いた文字が見えないため紙とペンの使用が困難でも、録音して記録できる	音声や画像、動きのある教材で障害のある子どもも読書を楽しむことができる／文字の大きさなど見やすい表示に調整できる	画面を触ったり発声したりすると反応を振動で返すアプリを使って、子どもの周囲への自発的な反応を引き出す 教				音声読み上げ機能や、画面のズーム機能を使い見えにくさを補ったり、白黒反転機能によりコントラストを調整して見やすくできる
		覚えておくことが困難でも、録音して記録できる			先の予定を覚える・適切なときに思い出すことの手がかりにすることができる			
離れた場所との間（病院にいる子どもから教室の同級生）でコミュニケーションを行い経験を広げる			音声や画像、動きのある教材で障害ある子どもも読書を楽しむことができる／ページめくりもタッチ操作で容易に行える／持ち運びも容易			タブレットPCに授業のスライドを入れることで多くの資料をベッドサイドに持ち込み、充実した授業を実現できる 教	学校と病院間、生徒間などで資料のやり取りを円滑にすることができる	
	言葉の理解が難しい子どもにも、音楽やメロディを学習や作業開始の予告として提示できる 教		音声や画像、動きのある教材で障害のある子どもも読書を楽しむことができる／ページめくりもタッチ操作で容易に行える／持ち運びも容易 教	画面を触ると反応するアプリを使って、子どもの周囲への自発的な反応を引き出す 教				

読み・書き困難の
アセスメントに役立つ

「そうか！」チャート①

児童生徒の読み書き困難が、主として「書き」にある場合

指導前の姿/改善の目安		
黒板がすらすらとノートに書き写せない 【改善の目安】授業時間中に書き終えることができる	黒板を正しくノートに書き写せない 【改善の目安】児童・生徒自身がノートを読み返すことができる	漢字テストで漢字が正しく書けない 【改善の目安】漢字テストで80点以上を取れる

↓

環境を調整する		
ノイズ(音)の排除 周辺物の整理など刺激を減らす 筆記具の調整 席の変更	ノイズ(音)の排除 周辺物の整理など刺激を減らす 筆記具調整、マスの大きさ変更 席の変更	ノイズ(音)の排除 周辺物の整理など刺激を減らす 筆記具の調整 席の変更

× 改善されない

↓

支援の工夫①		
視写：手元手本を使う 手元で拡大して確認させる	視写：手元手本を使う 手元で拡大して確認させる	捉え直しをする 構造の分化、構造の色分け、 始点ガイドをつけわかりやすくする

× 改善されない

↓

支援の工夫②		
分量の調整をする 教師が指定したキーワードで書かせる	確認の手段をもたせる 辞書アプリを活用させる 手書き検索を活用させる	確認の手段をもたせる 辞書アプリを活用させる 手書き検索を活用させる

× 改善されない

↓

補う(代替手段/補助)		
キーボードを利用させる (フリック、五十音、手書き) 音声入力を利用させる 写真を記録として利用させる	キーボードを利用させる (フリック、五十音、手書き) 音声入力を利用させる	手本を見て選択させる 予測変換から漢字を選択させる

＊Webサイトでは、チャートにかかわるケースや手だても紹介されている。

読み・書き困難の
アセスメントに役立つ

「そうか！」チャート②

児童生徒の読み書き困難が、主として「表現」にある場合

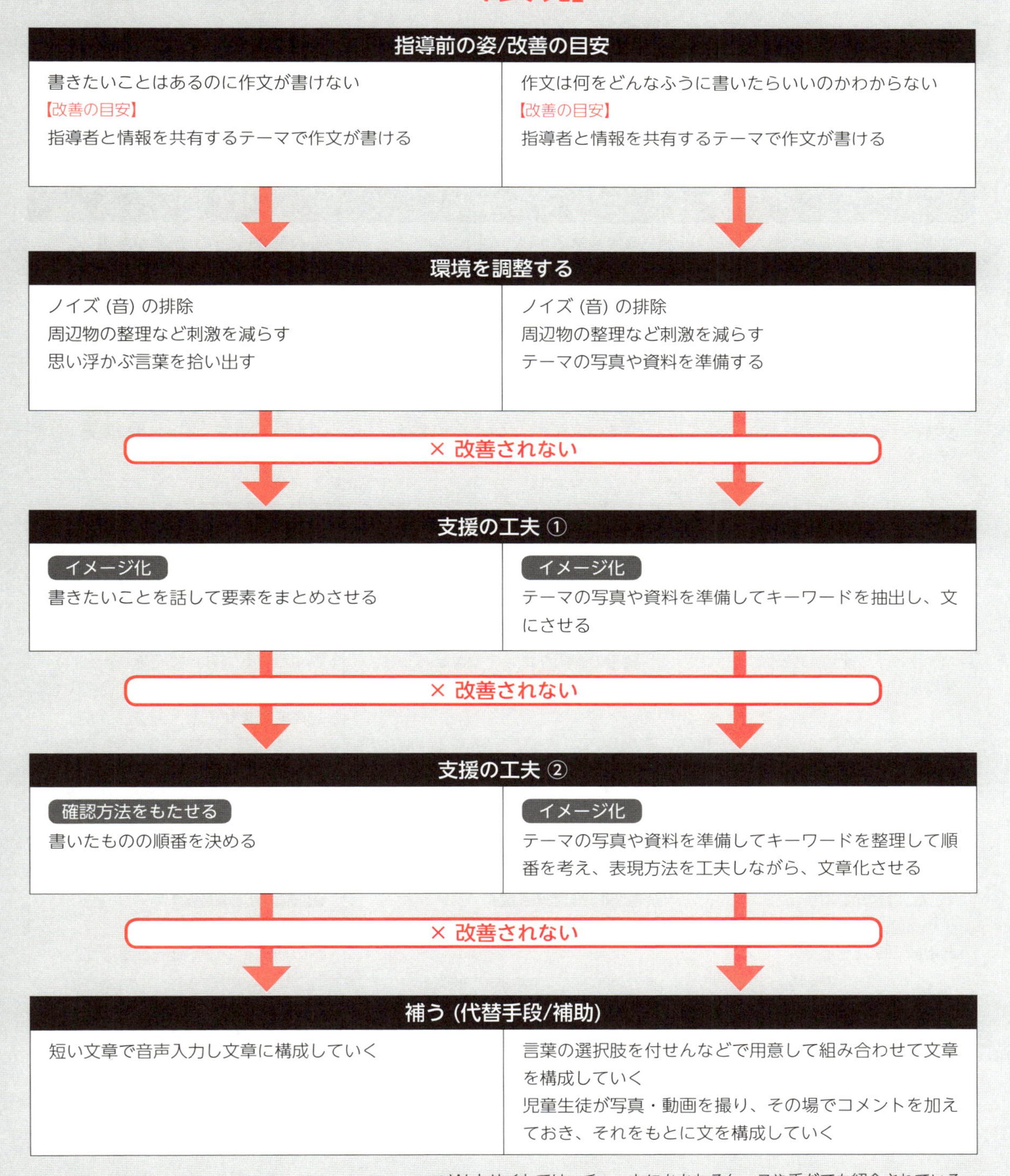

＊Webサイトでは、チャートにかかわるケースや手だても紹介されている。

読み・書き困難のアセスメントに役立つ

「そうか！」チャート③

児童生徒の読み書き困難が、主として「読み」にある場合（「読み」と「書き」両方にある場合も含む）

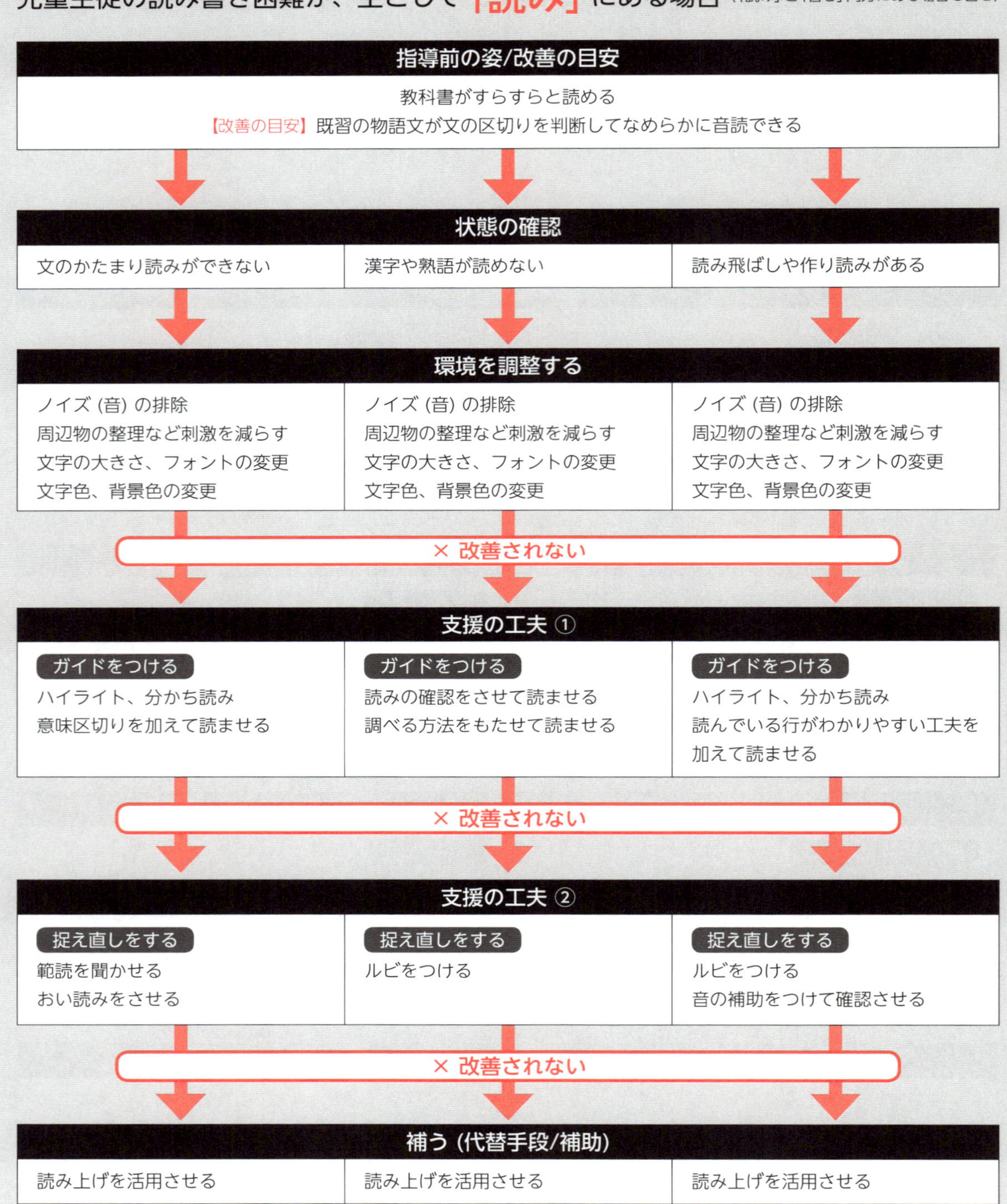

＊Webサイトでは、チャートにかかわるケースや手だても紹介されている。

1 読み・書きの指導と支援

読み・書き
生活
コミュニケーション

①全く読めない状態からの文字の学習

自閉症・情緒障害　特別支援学級
小学校1年生男子　読み・書き指導
自発性を促す　言葉の合成・分解

実践者●井上賞子　島根県松江市立意東小学校

子どもの実態　自発的な言動の少ないAくん

Aくんは、保育所時代、自発的な言動があまり見られない子だった。いつも一人でゆらゆらと漂い、周囲からの働きかけに反応を返さないため、「どこまでわかっているのかわからない」と思われていた。「Aくんの好きなものや得意なことは？」という問いに、周囲の大人は「うーん、どうでしょう。あまり自分からは求めてこないので」との返答だった。

年長でも、絵本や文字に興味を示さなかった。

・（読みに関しては）自分の名前も、判別できない。
・（書きに関しては）自分から鉛筆を持った経験がほぼない。
・文字も、絵もかかなかった。

指導目標の設定

自発的な言動の少ないAくんが、発信の選択肢を増やせるようにする。
その一つとして「文字の学習」に取り組む。

目標1　文字と音のつながりをもたせる
目標2　一行程ずつ確実に文字を書く
目標3　画像と音とテキストを一体化させる

目標1 文字と音のつながりをもたせる

STEP 1 絵でイメージしながら、音とひらがなをマッチングさせる

読める文字が0(ゼロ)の状態だったので、まずは「文字→音」「音→文字」のつながりをもたせたいと考えた。

指導のポイント

「全く読めないときから使える教材の条件」を次のように設定し、学習に取り組んだ。

①（現状の）子どもが確認して学習をやり終えることのできる手だてがある。

②文字に常に「音」がついていて、「この文字がなんという音か」の情報を取得できる。

実際に使ったのはコレ！

アプリ First Words: Japanese
デベロッパ：Learning Touch LLC

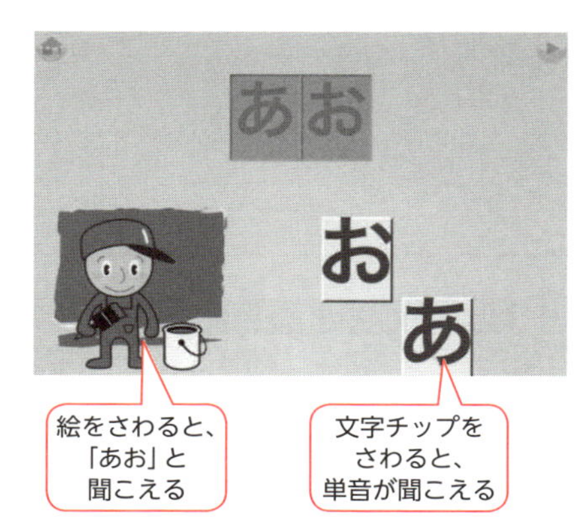

絵をさわると、「あお」と聞こえる

文字チップをさわると、単音が聞こえる

・絵と音で確認した言葉を、マッチングで作っていく。例えば、「い・す」「いす」という具合に、単音→単語が音声で確認できる。

・文字をさわっても絵をさわっても、音声を聞くことができる。

子どもの様子

Aくんは、絵を見て語彙(ごい)を思い浮かべることもマッチングもできたため、すらすらと回答していった。単音をさわったときに音が返ってくるので、語彙として自分の中にもっている言葉について音と文字を一致させる体験も重ねていくことができた。

「聞いて選ぶ」「聞いて確かめる」ことができるのは、ICT活用の大きなメリットだと思う。

STEP 2 五十音を意識しながら、音と同じひらがなを探す

指導のポイント

・アプリに絵と音のヒントが両方ある。
・絵の手がかりがあり、読めないときも、きちんと正解で終えることができる。
・五十音表から目指す音を探すことで「この音は五十音表のこのへん」という見通しにつなげられる。
この力は、その後も五十音表を参照したり、五十音キーボードを使ったり、文字列の意識をもったりするためにも重要。

実際に使ったのはコレ！

アプリ ひらがな：こども ゆびドリル
デベロッパ：NEXTBOOK, Inc.

・複数のモードの中から「おぼえるドリル」を使用。

・絵と音で提示された言葉を50音表の中から１文字ずつ選んで作る。

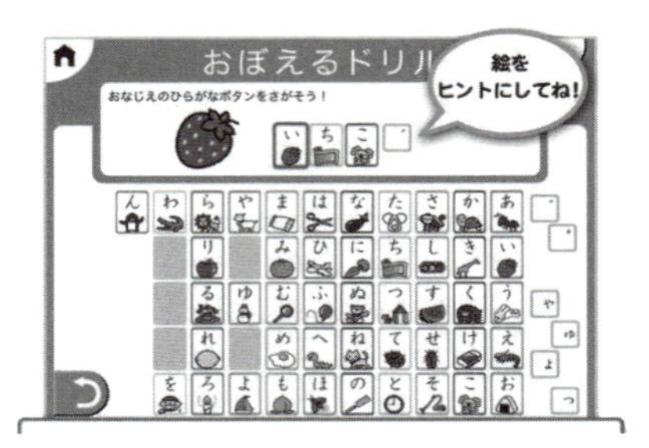

STEP 3 2つのひらがなから正解を選ぶ

指導のポイント

ひらがなの音を聞いて、文字の書かれたカード2枚から1枚を選ばせる。

実際に使ったのはコレ！

ひらがなカード
・五十音のうち、そのひらがな（とカタカナ）の行がすべて示されている。

子どもの様子

アプリと並行して、ひらがなカードを使用し、音を聞いて文字を選ぶ学習に取り組んだ。文字を見て音を想起するのに比べて、「選択」という活動はハードルが下がり、音と文字との一致を促すことができる。「この字はなんて読む?」と問えば、正解は46分の1になるが、「『り』はどっち?」と聞けば、2分の1の確率で正解できるうえに、音もヒントになる。まずは、2択からスタートし、選択肢の数を増減することで負荷を調整しながら進めた。

3択で8割程度の正解率になったところで、「選択」ではなく、「この字はなんて読む?」という文字を見て音を想起して答える課題に1日1回、取り組んだ。すると正解率は下がり、46分の21になった。しかし、選択はかなりスムーズになっていたことや、日常的に音と文字をつなげて学習してきていたこともあり、徐々にひらがなが滑らかに音へ変わるようになり、支援を始めて4か月後には、特殊音節も含め、ひらがながほぼ正確に読めるようになった。

一行程ずつ確実に文字を書く

文字を書くためには、文字を構成している線を分けて捉え、再構成していくことが必要になる。絵を描いた経験もほぼなかったAくんは、単純な形を見てもどうまねて描けばいいのかもわからない様子だった。そこで、完成の見通しをもって描く体験をさせることにした。

STEP 4　一行程ずつ示される手本に従って絵を完成させる

指導のポイント

出来上がったお手本でなく、動画で一行程ずつ手本の描き方を確認しながら描くことができるアプリを導入した。

実際に使ったのはコレ！

アプリ　1日10分で絵がじょうずに描けるアプリ＊現在は配信停止

〈写真1〉2つの絵を合わせて1つの絵を完成させた

子どもの様子

Aくんは一行程ずつ描き進め、「うまく描けた」と達成感をもち、休み時間にも絵を描く姿が見られた。〈写真1〉のように「かたつむり」と「あじさい」など手本を組み合わせて描けるようにもなった。

このころになると、Aくんは、「何を・どれだけ・どうやって」という見通しがあれば、根気よくさまざまなことに取り組めることがわかってきた。

STEP 5　一画ずつ示される手本に従って文字を完成させる

指導のポイント

描画と同様に、動画で一行程ずつ確認しながら書くことができるアプリを導入した。

実際に使ったのはコレ！

アプリ　ひらがなおけいこ for iPhone　デベロッパ：Gloding Inc.

・負担なく、正しく捉え直すことができる。
・ひらがなの始点、終点、方向性が一画ごとに示される。

子どもの様子

Aくんは、文字についても、全体を見ただけでは、なぞって書くことも難しかった。しかし、絵のときと同様に「一行程ずつ」の提示があることで、正しい書き方で練習することができた。

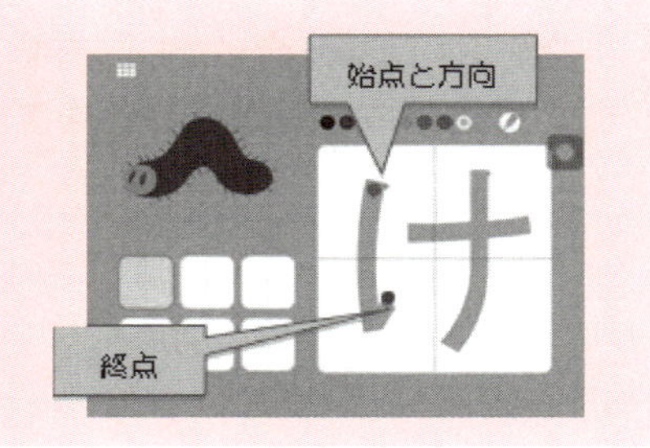

STEP 6 シールやドリルなどを使って、ひらがなを捉える作業を積み重ねる

指導のポイント

アプリで文字の構成を正しく捉えたのち、以下のプロセスで書く練習に取り組んだ。

【書く練習のプロセス（写真2）】

①シールを貼ったり、塗り分けたりする活動を通じて、時間をかけてじっくり確認する。

②２種類の書き込み式のドリルを使って、書字の練習をする。

③ドリルに出てきた語彙を手がかりに、練習した文字の付く言葉集めをしてノートに書く。

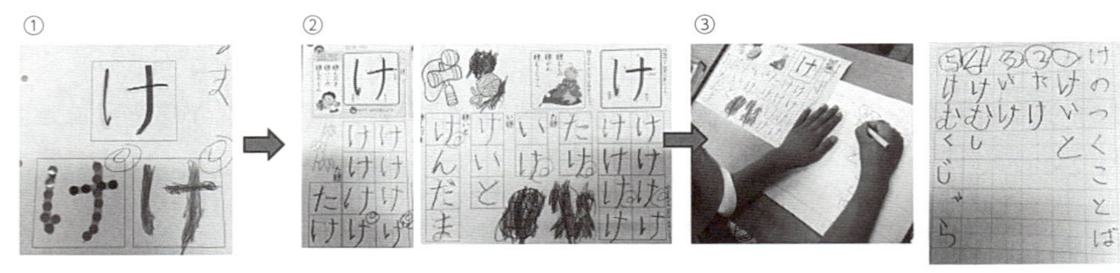

〈写真2〉

子どもの様子

Aくんは、調整が苦手なため、なかなか整った形では書けなかったものの「ここは長いんでしょ」「こっちは出ないよ」など、手本を見て構成要素に分けたり、特徴を捉えたりして書くことができるようになり、7月末には、ひらがなすべてを想起して正しく書けるようになった。

目標3 画像と音とテキストを一体化させる

単音の読み書きがスムーズになり始めたころから、文字を言葉に合成したり、言葉を文字に分解したりする活動にも取り組んだ。

STEP 7 絵と音と言葉（文字）をつなぐ「単語帳作り」をする

指導のポイント

物を見て音を想起したり、音を聞いて文字で書いたりなどをスムーズにできるようにする。

実際に使ったのはコレ！

アプリ Bitsboard PRO

デベロッパ：Innovative Investments Limited

・画像と音声とテキストを登録しておくと、多様な出題形式の中から選んで学習することができる。

子どもの様子

〈写真3〉のように画像とテキストを一体化させた単語帳（データ）作りをAくん自身が行った。五十音表から音を見つけることができるようになっていたので、五十音キーボードの操作にもすぐに慣れた。

作業の行程で、何度も同じ単語を読んだり言葉を復唱しながら入力したりするため、文字や言葉の想起がスムーズになっていった。文字から言葉へ合成する体験を重ねることにもつながった。

また、多様な出題形式を選べるアプリを使用したので、負荷を変えながら文字と音、文字と言葉、言葉と音をマッチングさせる学習などに取り組めた。

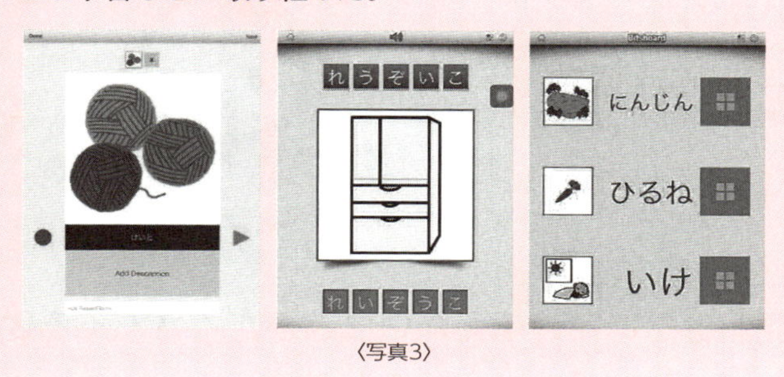

〈写真3〉

実践を振り返って ～手段の獲得を安心の広がりへ～

入学直後から学習に取り組み始めたAくんは、こうした反復学習を経て、1学期末（支援を始めて4か月後）には、書きたい言葉や聞いた言葉を、スムーズに書くことができるようになっていった。2学期に漢字、3学期にカタカナの習得に取り組み、1年生の終わりには、初見の文章を読んで課題をこなし、短い文章で出来事や気持ちを伝えられるようになった。国語と算数の業者テストでは9割程度の点数を取り、1年生の学習内容がほぼ身についた。多くの人にほめてもらう機会にも恵まれた。そして誰よりも本人が自信をもって楽しく学習に向かっている。

当初の目的であった「発信の選択肢としての文字習得」は、しっかり機能しており、手書きで、テキストでと、Aくんからの発信は豊かになってきている。大人からの情報も伝わりやすくなり、文字という手だてを得たことの価値を日々感じている。

Aくんは、入学前の申し送りでは知的な遅れが疑われる状況であり、正直、どこまで文字を習得できるか未知数だった。おそらく、ほかの1年生と同じ方法でスタートしていたら、Aくんの文字習得はここまで進まなかっただろう。

「読めない彼が、読むために」「書けない彼が、書くために」必要となるガイドや確認の手だてが、ICTを活用することでより効果的に学習の中に取り入れやすくなったと実感している。

読み・書き
生活
コミュニケーション

② 言葉を発せない子からのシンボルや文字での発信

肢体不自由特別支援学級
小学校1年生女子　コミュニケーション
シンボル　あいさつ　文字

実践者●畑瀬真理子　佐賀県武雄市立西川登小学校

子どもの実態　**発語はないが、伝えたいことがたくさんあるBさん**

Bさんは、気管切開をしていて、言葉を発することができない。痰が絡まるときは吸引を、脈拍数が高いときには呼吸器を付けて過ごす。

小学校入学前は、入退院の繰り返しで、病院で過ごすことが多く、病院や自宅などの限られた場所、そして、限られた人間関係の中で育った。自分の伝えたいことは、身ぶりや表情で身近な家族へ伝えていた。しかし、自分の思いが伝わらないときは、怒ったり涙ぐんだりすることが多かった。

入学してからも、自分の伝えたいことは、身ぶりや表情で教師に伝えた。

入学後しばらくして、コミュニケーション手段としてBさんの伝えたいことが少しでも理解できるようにと、「絵カードでの指さし」を取り入れた。しかしBさんは、内的な理解力が高く、自分の思いや考えなどたくさん伝えたいことがあり、「絵カードの指さし」を取り入れるだけでは、相手に十分伝えきれないことがわかった。

指導目標の設定　**Bさんが伝えたいことを、周囲の人たちにわかるように伝えられるようになる。**

目標1 **自分から他者へコミュニケーションを取れる手段を獲得する**
～シンボルを使ったコミュニケーション

目標2 **文字を使って自分の意思をより確実に伝えられるようにする**
～文字を使ったコミュニケーション

自分から他者へコミュニケーションを取れる手段を獲得する ～シンボルを使ったコミュニケーション

STEP 1 コミュニケーションの回数や手段などを計測し、実態把握を行う

Bさんは〈図1〉のように、コミュニケーション手段としては、「絵カード」よりも「身ぶり」が7倍以上多かった。「身ぶり」は、今までの生活でずっと使用して習慣化していることと、Bさんにとって一番手早く相手へ伝えることができる手段であったためと考えられた。

「身ぶり」の中では、「あいさつ」と「気持ち」が多くを占めていた。

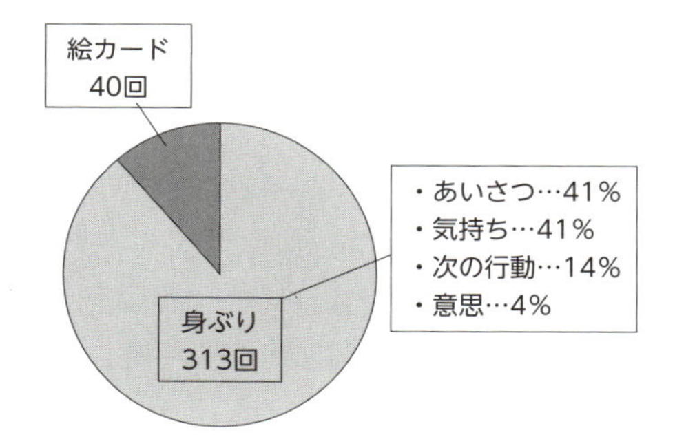

〈図1〉計測結果（計測期間は、4日間、朝登校後から下校時までのコミュニケーションについて計測）

STEP 2 シンボルを使ったコミュニケーション

計測の結果から、「身ぶり」の中で多くを占めており、また「おはよう」「こんにちは」など区別して表現することができにくかった「あいさつ」について、〈写真1〉のようなシンボルを使って発信し、コミュニケーションを図るようにした。

〈写真1〉あいさつのシンボル

指導のポイント

ICT機器を用いることで、あいさつや返事をしたり、身近な物や人・場所などを示したりして、自分から意欲的に他者へコミュニケーションを取れるようにする。

実際に使ったのはコレ！

アプリ DropTalk HD
デベロッパ：HMDT Co.,ltd.

読み・書き
生活
コミュニケーション

子どもの様子

アプリ「ドロップトークHD」は、テーマごとにイラスト（シンボル）を複数配置した画面（キャンバス）を設定することができる。シンボルをタップすると、対応する音声が再生される。

Bさんのために「あいさつ」のシンボルを設定したキャンバスを作成し、自立活動の授業の中で、Bさんにキャンバスの選択のしかたやシンボルを押すと音声が出ることを確かめさせた。

その後、実際に、学校の中で出会う教師や友だちへのあいさつに挑戦した。

Bさんは、操作のしかたをあっという間に理解し、その日の帰りから、シンボルを押してあいさつができた。音声が出て、それに相手が反応するということがわかり、意欲的にシンボルを押した。音声が出ると、あいさつをされた友だちが驚き、Bさんのそばに寄ってくるのも、とてもうれしいようだった。

学校の中で、いろいろな人に出会い、あいさつをするのを楽しみにしていた。一人の相手に「おはよう」などのシンボルを何回も押して、相手の反応を確かめるなど、人への興味や関心も育ってきたようだった。

次に、「健康」や「給食」、「遊び道具」など、さまざまなキャンバスを作成して、Bさんが自分の伝えたいことをシンボルで発信してコミュニケーションを取れるようにした（写真2）。

Bさんは、設定されたキャンバスにある6から12コマ程度のシンボルの位置を覚え、一人でシンボルを選んで押し、自分が伝えたいことを相手へ伝えることができるようになった。

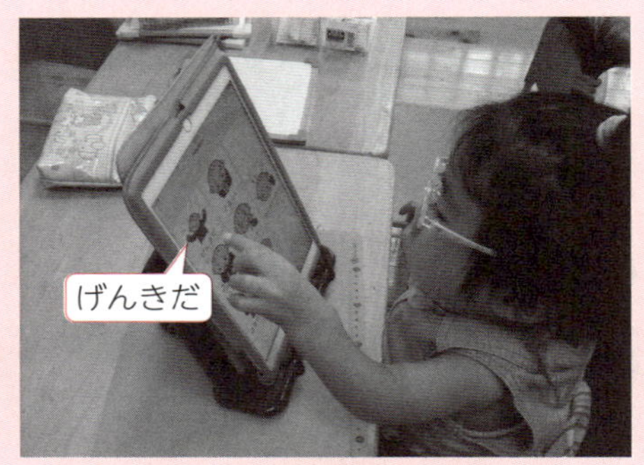

〈写真2〉 朝の会の健康観察で体調を伝える

目標2 文字を使って自分の意思をより確実に伝えられるようにする ～文字を使ったコミュニケーション

STEP 3 文字を使ったコミュニケーションに取り組む

シンボルを使ってのコミュニケーションと平行して、文字でのコミュニケーションに取り組んだ。

指導のポイント

自分から文字を使って発信することで、より意思が伝わるということを実感させる。

実際に使ったのはコレ！

アプリ トーキングエイド for iPad
デベロッパ：U-PLUS Corporation

・かな文字や絵文字などのキーボードをタッチして言葉や文章を作成すると、音声で読み上げる。

子どもの様子

国語の授業で、アプリ「トーキングエイド」を使ってひらがなの並び方や文字入力のしかたを学習した。

ICT機器導入前まで、紙のひらがなカードを使って、五十音や絵・写真の単語を並べるなどの活動をしていたので、「トーキングエイド」のひらがなの並びにもすぐ慣れて文字入力をし始めた。キーボードの変更（ひらがな、カタカナ、数字）のしかたもすぐ覚えることができた。

さらに、国語の授業で、絵や写真、具体物などとそれらの名前を表したひらがなを見て、一文字ずつ入力していく活動を行った（写真3）。

〈写真3〉 具体物とひらがなを見て対応させながら「すいとう」と文字入力をする

STEP 4 自分が伝えたいことを自分の言葉で伝える

指導のポイント

- **名詞、動詞ともに語彙を増やす。**
- **場面に合わせて手段や表現を使い分けられるようにする。**

子どもの様子

語彙学習では、身近な物だけでなく、国語の教科書に出てきた物の名前について、写真とひらがなカードをマッチングさせたあとに文字入力をした。

また、動きを表す言葉を「ドロップトークHD」を使ってシンボルとひらがなを対応させながら、「トーキングエイド」で文字入力をする活動を取り入れた（写真4）。

これらの活動を通して、Bさんは、2文字、3文字の単語を覚えていった。

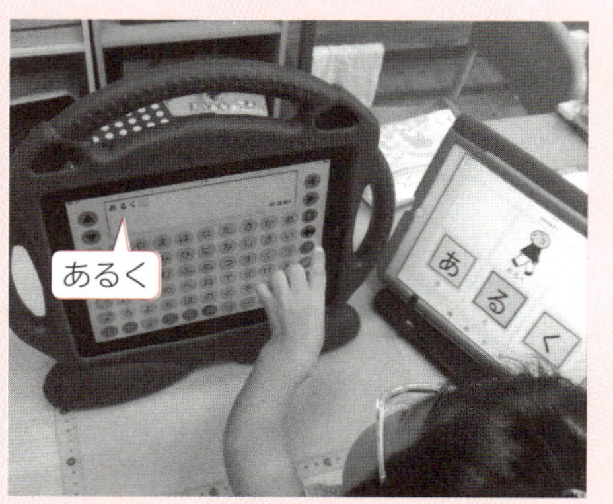

〈写真4〉 「歩く」イラストとひらがなを設定したキャンバスを見ながら、「あ」「る」「く」と文字入力する

また、ヒントとなる絵や写真を見ながら、単語を順番に並び替えて、短い文を作る活動も行った。

授業の始めや終わりのあいさつでは、当初は「こくご」（授業の名前）と入力していたが、徐々に文字数が増えていき、「こくごをはじめます。（おわります。）」と2語文であいさつをすることができるようになった（写真5）。

〈写真5〉授業の終わりのあいさつをする

Bさんは、徐々に、獲得した単語を使って、自分の伝えたいことを文で伝えるようになった。

休み時間に友だちが来ると、タブレットの画面を「トーキングエイド」の画面にし、「たたみへいく」（遊び場へ行く）と入力して、早く友だちと一緒に遊びたいと伝えたり、のどが乾いたので「おちゃをのむ」と水分が欲しいことを要求したりするようになった。ひらがなの文字入力だけでなく、「1の1へいく」「トイレへいく」と数字やカタカナでも入力して、自分が行きたい場所を伝えることができた。

教師が、「トイレに行きますか？ それとも、お茶をのみますか？」と尋ねると、「としょしつへいく。ほこうきであるく。」と、選択肢以外の自分の要求を伝えることもあった。

実践を振り返って ～伝えることができる喜びをますます広げていく～

Bさんがこれまでに獲得し、文字入力して伝えることができるようになった語彙の数は、100を超えた。文字で表すことが全くできなかった入学当初に比べると、本当にたくさんの言葉を覚えて、それを表し、相手へ伝えることができるようになった。

シンボルや文字でのコミュニケーションのほか、9月ごろからさまざまな場面で、いろいろな抑揚での「あっ」という声が出るようになった。

前回の計測から8か月後に、前回と同様にコミュニケーションの回数や手段などについて計測をし、ICT機器を導入する前後での変化を確認した。コミュニケーションの回数は、ICT機器導入前よりも2倍近く増え、自分から発する回数も、1.5倍増えた（図2）。

それまで「身ぶり」だけでは、あまり伝わらなかったことが、シンボルや文字でのコミュニケーションを使うことで、相手に的確に伝わるということがわかり、自信をもって、自分からいろいろな人へコミュニケーションを取っていくことができたからだろうと考える。

コミュニケーション力の向上だけでなく、学力の向上も図ることができた。国語については、ひらがなだけでなく、カタカナや漢字学習に取り組んだり、教科書の教材を少しずつ読み取ったりすることができるようになってきた。算数では、たし算やひき算などを暗算で答えを求めたり、教科書の問題に答えたりすることができるようになった（写真6・7）。

今後も、ICT機器を有効に活用しながら、自分の伝えたいことを相手へ伝えることができるような豊かなコミュニケーション力とさらなる学力の向上を目指して、指導・支援を積み重ねていきたい。

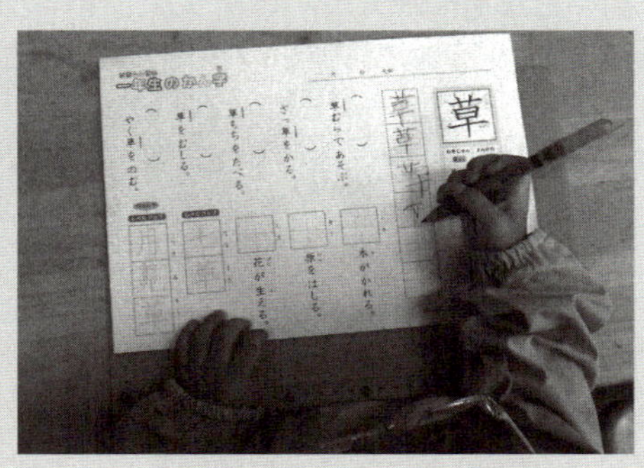

〈写真6〉漢字プリントに取り組む

ICTの導入前と後の計測結果の比較

コミュニケーションの回数

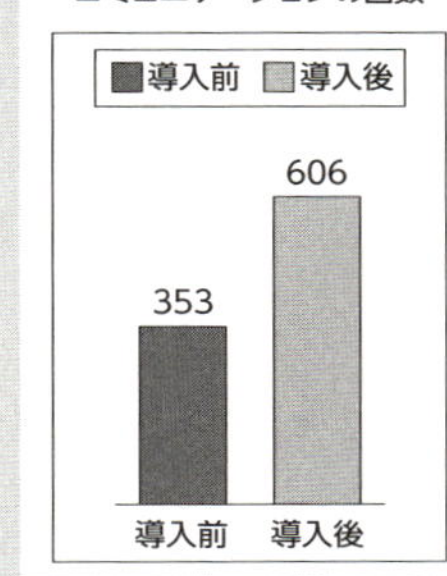

自分から発するコミュニケーション

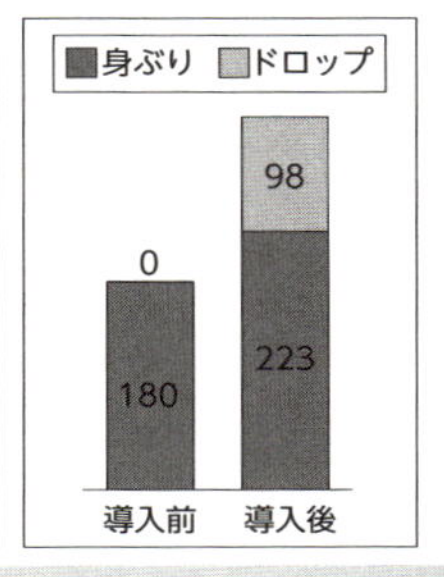

〈図2〉ICT導入前後のコミュニケーション

〈写真7〉算数に取り組む

③ 下学年の学習を強く拒否する子への読み・書き指導

肢体不自由・病弱
特別支援学校　小学部6年男子
読み・書き指導　作文　漢字

実践者●岡本 崇　大分県立別府支援学校

子どもの実態　読み・書きに強い苦手意識のあるCくん

Cくんは、重篤な気分調節不全症・自閉スペクトラム症の診断で、5年生時に本校に転入してきた。小学校に準ずる教育課程で学んでいるが、下学年での学習の取りこぼしがあり、特に、書くことと読むことに非常に強い苦手意識がある。しかも、下学年の内容を学習することに対して強い拒否感を抱いていた。

Cくんは、自分の好きなこと（アニメ、ゲームなど）には意欲的に取り組んだ。その一方で、作品作りなどでは成果に自信がもてず、完成品を自分で壊すこともあった。そして「どうせ○○できん」と言うなど、自己肯定感の低さが見られた。

指導目標の設定

Cくんには、成功体験を増やすことで学習への意欲をもってほしいと考えた。そのうえで、出来事や思ったこと、気持ちなどを書いたり、学年相応の漢字が含まれた文章を読んだりする力を身につけてほしいと考えた。

目標 1 ストレスなく「書く」指導 ～内容を整理しながら書く

目標 2 成功体験を増やし、学習への意欲をもたせる

目標 3 漢字の読み書きを身につけて、漢字混じりの文章を読む

目標1 ストレスなく「書く」指導 ～内容を整理しながら書く

STEP 1 内容を4つに分類してから作文を書く

作文などで文章を書く際に、Cくんは内容自体を想起することはできているため、内容の整理や抽出が難しいのだと考えられた。そこでまずは、書くこと自体の抵抗感を軽減するために、テーマを本人が好きな「仮面ライダー」に決め、以下の要領で作文の指導を行った。

指導のポイント

想起したことを視覚的に分類するための行程がわかるようにする。

実際に使ったのはコレ！

4色付せん

子どもの様子

4色の付せんには、それぞれ自分で考えた「ひっさつわざのこと」「のりもののこと」「アイテムのこうか」「へんしんのこと」と書かれ、机の目につきやすい位置に貼られている（図1②）。

例えば、頭の中で「変身ベルトのこと」が想起された段階でその付せんを見ると、青色の「へんしんのこと」の分類であることがわかる。そこで青色の付せんを取り出し、そのことを一文で書いていく（図1③）。

こうすることで、書く前の段階で内容が分類され、迷うことがなくなった。また、一度に書く量が付せん1枚分と限定されているため、途中で混乱することもなくなった。このやり方を繰り返すことで、非常に多くの情報量を文字にして表すことができるようになった。

〈写真1〉実際に付せんを並べてたくさんの情報を再構成する

①

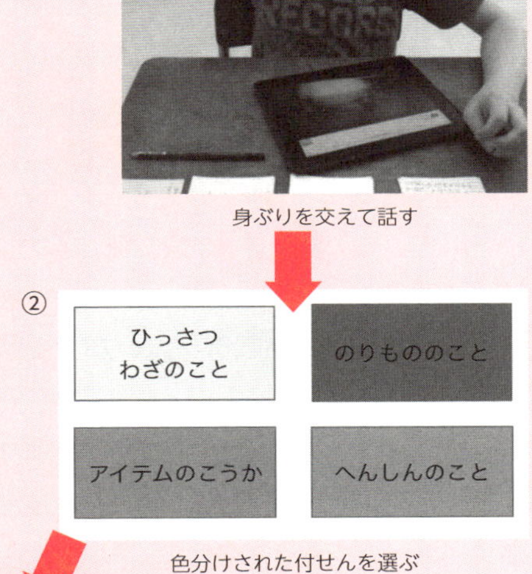

身ぶりを交えて話す

②

色分けされた付せんを選ぶ

③

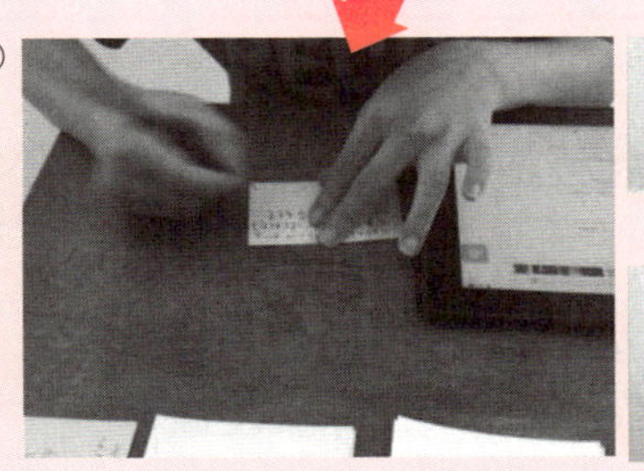

項目にそって一文ずつ書き進める

へんしんのこと（青色）

のりもののこと（ピンク色）

〈図1〉想起したことを視覚的に分類して整理する

読み・書き
生活
コミュニケーション

ただし、この段階では頭の中で思いついたことをそのまま順不同で書いているだけである。そのため内容のまとまりや時系列で再構成をする必要があり、付せんの並べ替えをしなければならなかった（写真1）。

STEP 2 内容を絞って再構成して作文を書く

指導のポイント

思いついたことを書き出したあとに、内容のまとまりや時系列で再構成する。

実際に使ったのはコレ！

アプリ Post-it® Plus　デベロッパ：3M Company

・複数の付せんを撮影することで、画面上で並べ替えができるアプリ。
・多くの付せんを実際に並べると、情報量が多くなり混乱してしまうが、アプリの画面上であれば、付せんを１つずつ抽出し、拡大して見ることができるため、情報を限定して整理することができる。

子どもの様子

Cくんは、このようにして書いた「付せん作文」を、自信をもって廊下に掲示することができた。

「付せん作文」を廊下に掲示した際に、面と向かって一対一で話しかけてきた教師に対しては「ほめられた、うれしい」という印象をもっていた。しかし、周囲で一緒に見て口々にほめていた教師の存在には気づかず、「ほかの先生は見てくれていない」と言っていた。そして、ほかの教師がどんな感想をもっているのかを非常に気にしていた。

これは、Cくんが、自分の目の前で起きている事柄については把握して理解することができるが、視界から外れている状況については、把握することが難しいためだと思われる。

目標2 成功体験を増やし、学習への意欲をもたせる

STEP 3 周囲からの評価に気づかせる

指導のポイント

認知特性により周りの反応に気づくことが難しい子には、目で見て理解できるようにする。

実際に使ったのはコレ！

360度カメラ「RICOH THETA」
販売元：リコーイメージング

子どもの様子

Cくんが、周囲の状況を確認することができるように、360度、画像や動画で記録することができるカメラ「RICOH THETA」を活用した。カメラをCくんの作品の前に設置して、作品を見に来た人たちの反応を記録した。

すると、たくさんの友だちや先輩が見に来てくれていたこと、「すごいなあ」と感想を言っていたことなどを、Cくんは見て確認することができた。特に、自分の背後にいて視界に入っていなかった教師が、作品を笑顔で見ている様子を見つけ、喜んで何度も確認していた（写真2）。

初めは「自分の目線」で

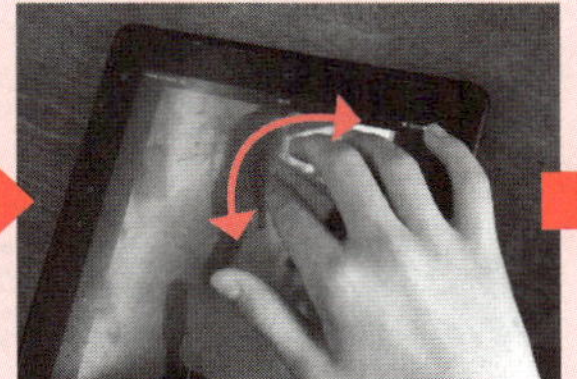

周囲をぐるりと見回して

自分の後ろで作品を見てほほえむ先生を発見！ 拡大して反応を何度も見る

〈写真2〉周囲の反応を目で見て知る

目標3 漢字の読み書きを身につけて、漢字混じりの文章を読む

STEP 4 漢字の読み書きに意欲的に取り組む

指導のポイント

- 時間制限が負担にならないようにする。
- 正誤のフィードバックがすぐに得られる。
- どんどんできるようになる実感がもてる。

実際に使ったのはコレ！

アプリ 漢字検定・漢検漢字トレーニング
デベロッパ：学校ネット

・漢字検定の級に応じた学習ができるアプリ

子どもの様子

Cくんは、「書く」ことに対する拒絶感が解消され、積極的に作文などを書いたり、社会のプリント学習などに毎日取り組んだりできるようになっていった。しかし、漢字を書くことに関しては、かたくなに拒否を続けていた。

ある日、全校集会で高等部の先輩が漢字検定に合格して表彰されたのを見て興味を示し、「俺も漢字の検定、取れる?」と言った。Cくんは、その場で自分でアプリを検索し、見つけ、それを活用して学習することを決めた。家庭でも「漢字マスターになる」と母親に言うほど意欲が高まっていった。

読み・書き

生活

コミュニケーション

使用したアプリは、検定の級に応じた問題が順番に出題され、指で書いて入力することができる。Cくんは非常に意欲的に取りかかり、毎日継続していた（写真3）。

これまで、時間制限があるものではあせってしまい、理解できている場合でも正答に至らなかった。また、プリント学習の場合、回答→提出→採点と時間が経過するので、正誤のフィードバックが得にくく、学習内容が身につきにくかった。このようなCくんにとって、このアプリは適していたといえる。

また、これまでもいくつかのアプリで学習を行っていたが、画数の多い漢字など、全体的な字形を捉えることが困難なCくんにとって、文字としては判読ができる程度の乱れであっても、「枠からはみ出すと不正解」「枠の中央に書かなければ不正解」という判定基準では機械的に不正解となってしまい、意欲をそがれていた。このアプリがほかの漢字学習アプリに比べて、判定が若干緩めであるという点もCくんに適していたと思われる。

そのCくん自身が何度も繰り返し言っていた「俺が選んだやり方やけん、できるんや」という言葉が、学習に対する意欲を端的に表していると思う。

実際、Cくんは「理解し、納得した」事柄に対しては、非常に意欲的な姿勢を示した。全問正解を3回繰り返すともらえる「免許皆伝」のスタンプを得て、「最速クリアする」と、休み時間まで取り組んだ。12日間で6級（小学5年生相当）の漢字の読み問題をクリアしたことは、彼にとって大きな自信となった。

〈写真3〉タブレットPCに指で漢字を書く

STEP 5 漢字混じりの文章を読む

指導のポイント

- 読み上げ機能が活用できるものを使う。
- 文体・語彙が平易な文章に日々ふれる。

実際に使ったのはコレ！

アプリ Easy Japanese News
デベロッパ：Ghi Nguyen
・日本語学習者向けのニュースアプリ

子どもの様子

これまでは興味の範囲が非常に狭く、世間の話題やニュースに全く興味を示さなかったが、読めることが自信につながり、「ニュースを読みたい」と言うようになった。小学校低学年向けのニュースサイトを薦めたところ、「幼稚なのは嫌」と伝えてきた。そこで、日本語を学ぶ外国人向けのアプリを活用した。

このアプリは、任意で漢字にふりがなをつけることができる。また、音声で読み上げも可能なため、聴覚で理解を補える。さらに、文体・語彙は平易だが内容は大人向けであり、Cくんの希望に沿うことができた。

宿題として、毎日複数のニュースの中から気になったものを1つ取り上げて要旨を書くようにしたところ、さまざまなニュースに興味をもった（写真4）。例えば、父親の携わる飲食業界のニュースには敏感になるなど、世間の出来事を自分に身近なことと捉えられるようになってきた。

〈写真4〉漢字交じりの文章を書く

実践を振り返って～自己有用感を高め興味と将来の可能性を広げていく～

これらの指導を行うことで、Cくんは、学習への意欲を増し、自分から学習に取り組むようになった。中学部へと進学したCくんは、その後の進路について、希望がわき上がっている。

これまで卒業後のことや将来の夢を尋ねられると、「わからん」などと答えていたが、自分から「ハイテクな機械を作る人になりたい」と言うなど、将来の夢を語ったり、図書室の本を読むなど、職業について調べるようになったりしてきた。「自分はできる」という自己有用感の高まりから、将来を希望のもてるものとして捉えるようになったためだと考えられる。

今後も、Cくんが希望する将来に向けて、支援していきたい。

④ 書字困難のある子が楽しく書ける課題と手段

特別支援学校　自立活動　書字困難
気持ちの表出　肢体不自由
知的障害　視覚障害　中学部２年男子

実践者●青木高光　長野県稲荷山養護学校

子どもの実態　聞いたことや漢字の理解があやふやなDくん

Dくんは中学部２年（支援開始当時）で、知的障害、肢体不自由、視覚障害がある。明るく人懐こい性格だが、生活や学習面で次のような困難があった。

・質問内容を理解しないまま、何に対しても「はい」と答えてしまい、コミュニケーションや学習が成立しないことがある。
・わからないことを聞く、助けを求めるなどができず、援助待ちになりやすい。
・小学校3、4年生程度の漢字の読みができるが、読めるほどには内容を理解できていない。
・上肢の障害や弱視のため、書写に時間がかかる。

指導目標の設定

Dくんは、時間はかかるが、文章を書くこと自体は好きである。そこで、タブレットPCで「簡単に書ける」環境を整え、積極的に文章を書きたくなる活動や発表の場を設定することで、彼の自発性や表現力を伸ばしていこうと考えた。

目標 1 「自分で書き上げる」ための環境設定をする（1年目の取り組み）

目標 2 書きたくなるような学習課題の設定をする（2年目の取り組み）

「自分で書き上げる」ための環境設定をする（1年目の取り組み）

STEP 1 書くべき項目のテンプレート化を行う

指導のポイント

・書字の負担感を軽減する。
・つまずきやすい箇所を把握し、苦手を補う工夫（定型化・選択式）をする。
・毎日書くことを積み重ねるため、日記を宿題とする。

子どもの様子

①予測変換機能の活用の推奨

文章を書く手段の1つとしてタブレットを導入するに当たり、自力で「簡単に書ける」ために、具体的にどのような支援をするべきかを担任と検討した。まず、五十音配列のソフトウェアキーボードが使えるように設定し、漢字には予測変換機能を積極的に使うことを推奨した。

「読めるけれど書くのは時間がかかる」彼にとって、キーボード入力は必須の手段である。特に、予測変換は、「書けば書くほど、自分が使いたい漢字がすぐに出てくる」ようになるＩＣＴ機器ならではの機能である。

日記は基本的にタブレットPCのソフトウェアキーボードを使って書くようにすることで、手で書いていたときに比べて、はるかに短い時間で書けるようになった。

②見通しをもって書き進められる基本フォーマット

彼が日記を書くときに最も苦労していたのは、「書き出し」である。書き出しをどうするかで止まってしまい、そのときに支援者の声かけも多くなりがちであった。

そこで、「いつ」「どこで」「誰と」「何をした」「どう思った」の項目を入れた日記用テンプレートを作成した。

③感情表現の言葉を選択式に

さらに、文章の中に盛り込むことが苦手だった、感情表現の言葉を想起しやすいように「楽しかった」「面白かった」「困った」などの単語もあらかじめテンプレートの最初に並べておいて、そこから選んで記述するようにした。

指導のポイント

- 写真、図形、表などが簡単に貼り込める。
- 教師とデータの共有が簡単に行える。

実際に使ったのはコレ！

アプリ Pages　デベロッパ：Apple
- iPadを購入すると無料で使用できるApple純正のワープロアプリ。教師もiPadを使うことで、データの共有が簡単に行える。
- タッチによる操作が簡単。

子どもの様子

テンプレートを用意することで、各要素を意識しつつ、短い時間で文章を作成できるようになった。負荷が軽減されたことで、彼らしい言葉や表現が増えてきた。例えば、本人から感情表現の言葉に「ムッとした」「悔しかった」なども入れたい、という意見が出てきた。ネガティブな言葉を入れたいということは、正直な気持ちの表れであると言える。

そのような新しい語彙も順次テンプレートにつけ加えていった。修正作業は担任が自分のタブレットPCで行い、Dくんのタブレット PCに転送するだけなので、支援者側にとっても簡単であった。

STEP 2 映像記録により、エピソードを想起しやすくする

指導のポイント

- 日記（振り返り）の材料となる出来事を自分で写真に撮る。
- 写真をもとに、そのときの様子や気持ちを共有し、自己表現を評価する。
- 自力で最後まで書ききることができるようにする。

子どもの様子

日記で文章にする際に具体的なエピソードを想起することができるように、タブレットPCを毎日家に持ち帰り、日記の材料となる写真を撮るようにした。

Dくんに限らず、日記のテーマを何にするかで悩む子は多い。「昨日何があった？」というような問いかけだけでは、なかなか前日のエピソードを想起することは難しい。

しかし「自分で写真を撮る」という活動は、記録を記憶と結びつけるうえでとても効果的である。写真アプリの中に、具体的な映像として、振り返りの材料が溜まっていくからである。

Dくんが帰宅後や休日に写真を撮り、次の日に担任が一緒に見て、よく撮れているものをほめたり、被写体に関して質問をし

6月　29日　水曜日

楽しかった　おもしろかった　うれしかった　悲しかった
ニコニコ笑顔になった　くやしかった　泣いちゃった
気持ちよかった　幸せだった　こわかった　びっくりした
ドキドキした　ムッとした　さみしかった

毎日、お母さんが東御のおばあちゃん家で、ぶどうのお仕事をしています。
この写真は、ハサミで、ぶどうの粒を取っている様子です。ぶどうの粒は、全部で60粒くらいついているのを33粒にしています。お母さん が「とっても、大変なお仕事なんだよ。」と言っていました。僕は「早くぶどうを美味しく食べたいよー」と思っているよ。

〈写真1〉テンプレートの形式にとらわれない、生き生きとした表現

たりすることを日課とした。自分専用の記録ツールを手にしたことで、日々の生活の振り返りが簡単になった。

このような取り組みを続ける中で、Dくんの日記に変化が出てきた。前述のように、書き出しや書く項目に悩まなくなったことで、自力で日記を書ききれるようになっていった。

それにつれて内容も彼の独特な視点や個性的な表現が増えてきて、テンプレートの形式にとらわれない書き方をすることも多くなっていった。〈写真1〉はその一例である。家業に取り組む母親の生きいきとした姿が伝わってくる。その後の夏休みの日記も、海水浴、迎え盆、花火、送り盆など、夏休みらしい多岐に渡るエピソードが、美しい写真と共に叙述され、文章表現も格段に向上していった。

この時期に担任からは次のような報告を受けた。

「日記に意欲的になり、タブレットPCを毎日持ち帰ることをとても喜んでいます。特に、週明けに休日の日記を喜んで見せてくれるようになりました。学校の都合で週末にタブレットPCを預からせてもらったときは、土日の写真が撮れないなあ、と残念そうでした」

日記の文章や写真という自己表現が評価されたことが、彼の自信や意欲につながったことがわかるエピソードである。

目標2 書きたくなるような学習課題の設定をする（2年目の取り組み）

STEP 3 日々、継続して書く活動を増やす（植物の成長記録）

指導のポイント

- 繰り返し文章を書くための課題を追加する。
- 昨日との違いを細かく見て、表現する力をつける。

子どもの様子

学校の畑は車いすでは入りにくく、農作物に触れることが難しい。また活動自体が天候に左右されやすい。そこで本校では、数年前から水耕栽培キットを導入し、屋内で栽培活動ができるようにしてある。Dくんの所属する学習グループも、「水耕栽培」に1年生のときから取り組んできた。もちろんDくんも、とても気に入っている活動である。

日記に加えて、水耕栽培による作物の成長記録を書くことを「繰り返し文章を書く」ための課題場面に設定した。1年生ではレタス、2年生ではミニトマトを育てた。「3年生では何を育てる？」と聞くと、Dくんは、「これまでとは違う種類のレタスを育てて、味を比べてみたい」という自分なりの選択をすることができた。

成長記録も、日記と同じく繰り返しの活動である。見通しをもって安心して取り組めると同時に、作物の成長は、日々新たな発見を与えてくれる。

タブレットで細部まで写真に収めながら、内容のしっかりした成長記録を書くことができた（写真2）。

10月 19日 月曜日

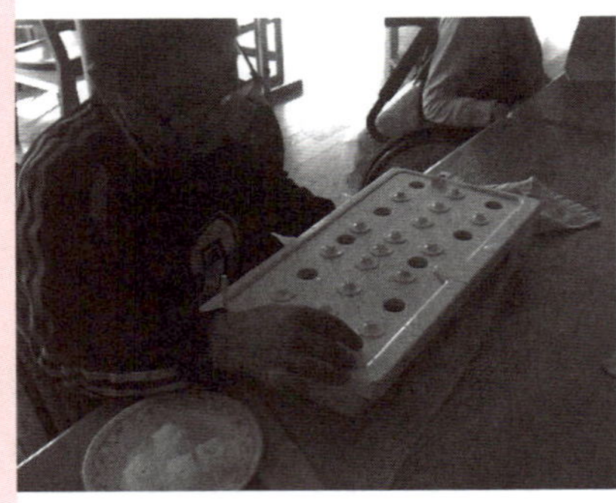

6時間目の国語の時間にレタスを植えに行きました。それで、僕が思ったことは「また、レタスを植えられて嬉しい」と思いました。レタスを植える前にまずは、レタスの種をスポンジの中に入れて、次に栄養水を入れました。その後に支援室の横の辺りに置いてあるトレイの中にレタスの種が入っているケースをトレイの中に入れました。そこで、青木先生がレタスの種がきちんと見えるようにトレイの中にある電気を付けていました。それで、アイパッドでレタスの種を写真で、撮りました。また、レタスを植えられて僕の笑顔は、稲養祭の時みたいに、ニコニコ笑顔になりました。これからレタスには、大きくなってほしいです。

〈写真2〉内容のしっかりした成長記録が書けた

STEP 4 友だちと作業を分担・協力する

指導のポイント

- 友だちと協力して、文章を書く（作品作りをする）。
- 発表する場を設ける。

実際に使ったのはコレ！

ストップモーションスタジオ
デベロッパ：CATEATER,LLC

- 高機能で操作が簡単なコマ撮りアニメ製作アプリ

子どもの様子

年度末の学習発表会に向けて、これまでの学習の集大成になるような発表テーマを考えよう、ということになった。同じ学習グループの友だちから「タブレットPCで物語を作ってみたい」という希望が出てきた。どのように作っていくか検討する過程で、それぞれが大事にしている物（友だちは「動物のマスコット」、Dくんは「ミニカーのコレクション」）を使って、物語を考えてみることになった。

そこで、マスコットやミニカーのような静物を動かす手段として、コマ撮りアニメーションを作るアプリを提案した。筆者がサンプルアニメを作って見せたところ、二人とも大変興味をもった。

当初、Dくんは「物語」の具体的なイメージがもてなかったが、ミニカーを実際に動かしてコマ撮りを試してみることでイメージが喚起されたのか、初めてオリジナルのストーリーを書く

〈写真3〉ミニカーを実際に動かしてコマ撮りを試す

〈写真4〉楽しいショートストーリーを分担して撮影を進める

ことができた（写真3）。

それぞれで台本を考え、撮影の試行錯誤をしているうちに、手応えを感じてきたようで、二人の好きな要素を組み合わせた話を作ろうと意見がまとまった。筆者は毎時間授業に参加できるわけではなかったので、できあがった台本を見たときは非常に驚いた。友だちのマスコットを主人公に、Dくんのミニカーもきちんと物語に絡む、楽しいショートストーリーになっていた。二人で協力し、ときには分担して撮影は進んでいった（写真4）。

学習発表会では、二人がタブレットを使ってさまざまな勉強をしてきたこと、その集大成としてアニメを製作したことなどを説明し、上映を行った。最後の場面で、主人公たちが登っていた山が、実は振り返るとDくんの頭だったというオチでは、大きな笑いが起きた。自分をネタにしてオチを作った彼は、友だちや保護者から多くの称賛を得ることができて満足気であった。

実践を振り返って ～楽しく書ける手段で意欲を引き出す～

中学部卒業とタブレット返却のときが近づいてきた。担任が、「タブレットを使って勉強した感想をまとめてみようよ」と最後の課題を出してくれた。Dくんが届けてくれた文章には、以下のような言葉が並んでいた。

「iPadの日記にのせる写真を選ぶのが楽しかったです。書いた日記を先生や友だちが見てくれるのが、うれしかったです。僕はエンピツで書く日記もやってるけど、iPadの日記はすぐ漢字が出るので書きやすいです。

ストップモーションビデオを作って楽しかったけど、大変だった所もありました。でも、頑張って完成させました。学習発表会では、車のところでみんなが『おー』と言ったり、ハムスターのところで笑ってくれたので、とてもうれしかったです。」

現在Dくんは高等部1年生。新担任も、（彼が入学と同時に購入した）タブレットの学習での活用を支援している。

ICT機器は彼の視力や手指の巧緻性自体を高めてくれるわけではない。だがICT機器は、よく見えなくても、ペンがうまく使えなくても、文字を書き、文章で自己表現する力が彼にあることを証明してくれる。この道具はさらに進化し、彼は当たり前のようにそれを使いこなしていくだろう。

⑤ 弱視児童が通常学級で学習するスキルを身につける

就学相談 通級による指導 弱視 板書 筆順 視経験 小学校

実践者●金子千賀子 東京都町田市立本町田東小学校

子どもの実態 通常学級への就学を強く希望していたEさん

Eさんは就学時に次のような状況だった。

- 視力は0.08、眼振があり、眼球運動にも課題がある。黒板に書かれた文字などを自分の席からは読むことはできない。
- 視経験が少ないため、数量の捉え方や模倣運動、空間認知力に弱さがあり、計算や運動面でも困難さが見られる。
- 視覚補助具の使い方などの指導を受けておらず、通常学級で学習すれば大きな困難が生じることが明らかだったが、友だちや兄たちの通う学校で勉強したい気持ちが強かった。

町田市では通級担任が弱視児童の在籍校を訪問し、自立活動の指導をしている。私（通級担任）は、3月中に保護者とともに、在籍校の校長・特別支援教育コーディネーターと面談を行い、次のことを確認した。

- 授業でタブレットPCを使うことに対する在籍学級担任の理解を得る
- 全校に向けた理解啓発を行う

指導目標の設定

弱視児童が通常学級で楽しく学習できるためには、視覚情報を児童自身が補えるICTスキルを身につけ、必要な機器（タブレットPCなど）を日常的に活用できる環境を整える必要があった。

目標1 通常学級での学習に必要な視覚情報を補償するために、タブレットPCを活用して授業を受けるスキルを身につける

目標2 全校に向けた理解啓発の実施をするなどし、タブレットPCを日常的に活用できる環境を整える

通常学級での学習に必要な視覚情報を補償するために、タブレットPCを活用して授業を受けるスキルを身につける

STEP 1 通級でタブレットPCや視覚補助具の基本的な操作を練習する

指導のポイント

機器を使えばはっきり見えるという喜びをEさん自身が実感する。

子どもの様子

通級では、Eさんに週に6時間の指導の時間を当てることにした。すぐに取り組んだのは、タブレットPCを自分で使えるようにすることだった。個別指導の時間にタブレットPCの基本的な操作（電源の入れ方、パスコードの入力、カメラアプリと写真アプリの開き方、拡大の仕方、撮るときの構え方など）を練習した。

最初に校長をビデオで撮影してもらった。校長先生の顔をよく見て覚えてもらうのがねらいだったが、Eさんは再生画面を見ないでスピーカーに耳を付けて声ばかり聞いていた。Eさんは今までこうやって、耳からの情報で人の区別をしていたのかもしれない。

撮影を続けていくうちに、兄たちや妹の写真をたくさん撮影するようになった。

また、タブレットPCと同時に貸与した単眼鏡を使っていろいろな花や景色を見たりするのもとても喜ぶようになった。今まではっきり見えなかったものが見えるということは大きな喜びだったに違いない。

STEP 2 通常学級でタブレットPCを使うことに慣れる

指導のポイント

クラスのみんなにとってもEさんの学び方（タブレットPCの活用）は有用であることを伝える。

子どもの様子

通常学級の1・2年生合同の消防自動車の写生会では、タブレットPCで消防自動車を側面から撮影して、その画面を見ながら写生をした。

また、学校探検では友だちと一緒に特別教室を回りながら写真を撮っていた。タブレットPC導入当初とは違い、もう恥ずかしがったりする様子は見られなかった（写真1）。

担任の先生は、教室に帰ってきてから、大型テレビにタブレットPCを接続し、写真を見ながら振り返りを行った。クラスのみんなにとってもタブレットPCが有用であることが認められた場面だった。

〈写真1〉学校探検で特別教室を回り撮影するEさん

STEP 3 授業のスピードで板書を書き写すことを視野に入れて練習する

指導のポイント

子どもの様子

通常の学級の中で学習していくためには、黒板に書かれた80文字ほどの文章を正確に速く書き写すスキルが必要である。

はじめは、教室の壁や柱、ホワイトボードなどに「身の回りにあるものの名前」を書いた紙を貼り、それを見つけタブレットPCで撮影し、ノートに書いた（写真2）。

〈写真2〉離れた所にある紙を撮影

2学期からは、教師がマス目黒板に文章を書いたものを撮影し、それをマス目のある紙に書き写す練習に移った（写真3）。

まだ十分なスピードや正確さはないものの、授業の板書を書き写すことに対し困難さはあまりなくなってきた。

〈写真3〉書見台にマグネットで貼り付けたタブレットPCを見ながら書き写す

STEP 4 正確に文字を捉え、筆順どおりに文字を書く

指導のポイント

迷ったときにすぐに見て確認することで、正確に見る経験を重ねられるようにする。

実際に使ったのはコレ！

アプリ 常用漢字筆順辞典
デベロッパ：NOWPRODUCTION CO.,LTD.
・検索したい文字を手書きで入力、検索できる。

子どもの様子

視経験の不足により、困難を感じていた漢字の書字には、タブレットPCのアプリを使用した。通常学級でも、担任がタブレットPCを教室のテレビにつないで、同じアプリを使って指導してくれたので、Eさんも一緒に学習することができた（写真4）。

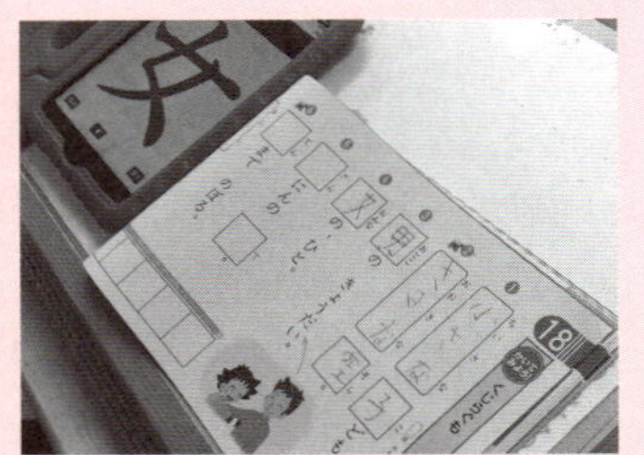

〈写真4〉通常学級で漢字練習

STEP 5 カタカナの書字を身につける

指導のポイント

不得意なものを中心に教師が問題を作成し、ドリルのように何度も練習できるようにする。

実際に使ったのはコレ！

アプリ こどもレター
デベロッパ：Kouichi INAFUKU

・あらかじめ文章を作成すると、一つひとつ文字が大きく表示され、お手本の文字をなぞれば完成。

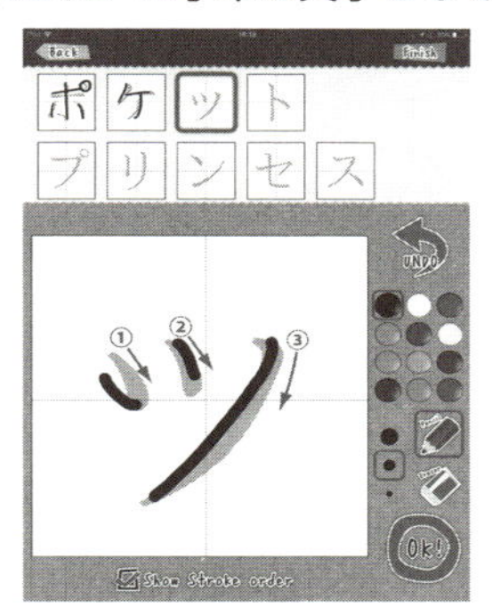

子どもの様子

Eさんは左右の認識が苦手で、カタカナの「ツとシ」「テとモ」などどこから書いたらいいのか、どちらに曲げたらいいのか、突き出るのか出ないのかなど、迷う様子が見られた。

また、カタカナで書く言葉で、特に拗音や促音などでつまずきが見られた。そのためカタカナ表記を練習するドリル代わりとして、アプリを導入した。あらかじめチョコレートとかホットケーキなどEさんになじみのある言葉を教師が入力しておき、子どもはそれをなぞって練習した。

このアプリは、日付ごとに保存されるので、何回でも練習できたのもよかった。

STEP 6 タブレットPCで楽に見られるようにし、見る経験を増やす

視覚障害があると、数の多いものや細かいものなどを見るときに、かなりのエネルギーが必要になる。

また、見えたものが何かという判断は多くのものを見ていないと難しい。そのため、数の操作をすることで数量の感覚を身につけたり、間違いさがしなどで、意図的に見る経験を増やしたりすることが大切である。次のような場面では、動画が教材として有効である。

実際に使ったのはコレ！

アプリ NHK for school
デベロッパ：NHK (JAPAN BROADCASTING CORP.)

指導のポイント

①ビデオ撮りをしたものをもとに動きの確認をする

体育や図工、音楽などで見えにくさのために困難が生じる活動については、ビデオで撮影して見えにくかったところを確認したり、手元を拡大して自分でもやってみたりする。

②授業の予習・復習としてビデオ教材を見る

ビデオ教材をあらかじめ見てから授業に臨むことで、見通しをもって授業を受けたり、授業の後、もう一度見ることで「そういうことだったんだ」と、あらためて気づけたりすることもある。

子どもの様子

Eさんのタブレットには、通級指導のため授業に出られなかったときの板書の画像のほかに、運動会のダンス練習用に先生に踊ってもらったビデオが入っていた（写真5）。

運動会を1週間後に控えていた休みの日には、その映像を見ながら熱心に練習していたと母親からの情報があった。

〈写真5〉先生と一緒にダンスの練習

STEP 7 副教材をPDF化し、拡大して使用する

副教材は、教科書のように拡大版がないものがある（自治体独自の副教材など）。それらをPDF化し、画像や文章を拡大して読むために閲覧アプリを導入した。

実際に使ったのはコレ！

アプリ UDブラウザ
デベロッパ：KAGA EDUCATIONAL MARKETING CO.,LTD.

指導のポイント

アプリは次のような観点で選択した。

- 操作パネルが大きく見やすい。
- ページへのジャンプが大きな数字で選ぶだけなど、使い方がわかりやすい。
- 紙の教科書のように線を引いたり書き込んだりできる。

全校に向けた理解啓発の実施をするなどし、タブレットPCを日常的に活用できる環境を整える

STEP 8 障害理解のための啓発授業を学年が変わるごとに行う

【1年時】

「Eさんは遠くのものや黒板に書かれたものを見ることが苦手なので、よく見るための道具、タブレットPCや書写台、単眼鏡を使って勉強をします」と、入学後すぐにクラスの友だちを対象にして理解啓発授業を実施した。

弱視体験をした友だちからは、「見えにくくて大変だと思った」「困っているときに助けたいです」などの感想もあり、クラスでそれらを安心して使えるようになった。

【2年時】

２年生になるときクラス替えがあり、担任から、「Eさんがタブレット PCを使おうとしないのです」と相談された。本人に理由を聞くと、「タブレットPCを使おうとするとクラスの友だちにいろいろと言われるから」ということだった。

そこで「見えにくさについて〜よく見るために必要な道具」というテーマでクラスの子どもたち向けの授業を実施した。

【3年時】

３年生になったときには、自分のクラスだけでなく、同学年のほかの２クラスの理解啓発授業にもEさんは一緒に参加し、自分の見えにくさを理解してもらうために作った画像や、使っているタブレットPCや単眼鏡、白杖も自ら紹介した。

このように、自分の苦手さを知ってもらい、みんなに理解してもらえるような環境づくりを行うことで、さまざまな活動の場面でもタブレットPCなどの機器や道具を使って積極的に参加するようになってきた。

実践を振り返って ～友だちがわかってくれるという安心感～

今ではEさんにとってタブレットPCは、通常学級の中でみんなと一緒に授業を受けるための大切な道具になっている。

入学して1か月たったころ、なぜ自分だけが別の部屋（通級の教室）で勉強しなくてはいけないのか理解できずに泣いていたEさんだったが、視覚補助具を自分で使えるようになるという見通しをもてたことや、友だちがわかってくれているという安心感がベースになって、今では、明確な目標をもって通級に来るようになっている。

人前ではなかなか話せなかったEさんは、3年生になって、地域の児童館活動のリーダーになって活躍しているそうだ。見えにくさがあってもタブレットPCなどの機器を活用し、精神的にもたくましくなってきたEさんのこれからが楽しみである。

⑥ 読み・書き困難の高学年児童に学習意欲を取り戻す

小学校６年生女子
通常学級　読み・書き困難
学ぶ意欲　自己理解

実践者●盛光秀之
神奈川県川崎市総合教育センター

知的な遅れはないが、読み・書きに困難があるFさん

通常学級に在籍しているFさんは、入学当時から忘れ物が多いことや、文字の習得、計算において困難さが顕著だったことから知的発達に遅れがあるのではないかと疑われたが、小学校２年生時に発達検査を受け、知的な遅れはないという結果だった。

そこで学校では個別指導などを実施した。その内容は反復練習による、読み、書き、計算の向上を目的とするものだった。

しかしどの力もなかなか伸びず、本人も努力してもできないことから学習意欲は年々下がっていった。私はFさんが５年生のときに特別支援学級の担任であり、指導の担当にもなったことから、Fさんに週に１時間の指導を実施していた。

ある日、Fさんが「今日は理科の時間にビデオを見たんだよ」と言って学んだ内容を話し出した。その内容の的確さに驚いた私は、理科の単元テストの問題を読み上げて実施してみた。すると結果は80点。この子は紙と鉛筆では学びにくいだけで、適切な支援があれば十分学習できるのではないかと思い、ICTを使った方法を提案してみることにした。

指導目標の設定　中学校へ向けて宿題や授業に取り組む時間を増やし、B評価が取れるようにする。

目標 1　タブレットPCを使った自己解決の手だてをもつことで、学ぶ意欲を向上させる

目標 2　自己理解をし、それを周囲への理解につなげる

目標1 タブレットPCを使った自己解決の手だてをもつことで、学ぶ意欲を向上させる

STEP 1 読みの困難さを支える

指導のポイント

- 読み上げ機能と動画を活用して一人で学習できるようにする。
- 自宅でのタブレットPCの使用法（制限）についてルールを設定する。

実際に使ったのはコレ！

アプリ Yahoo!あんしんネット ＊現在は配信終了
・有害サイトがブロックされる。

アプリ NHK for School
デベロッパ：NHK (JAPAN BROADCASTING CORP.)

子どもの様子

6年生の4月に対象児童と保護者、担任とミーティングを実施した。その際に自宅で音を手がかりに1人で学習できる手段を紹介した。

「Yahoo! あんしんネット」 有害情報にも出会う可能性が少なくないため、このアプリを選定した。音声入力での検索や音声読み上げの使い方を説明した（写真1）。

「NHK for School」 動画での学習も勧めてみた。

その結果、6月に行った鎌倉の校外学習では自分で調べたことをもとに複雑な寺院の名前などを覚えていた。気になったことは調べる、インプットの道具としてその後も活用をしている。

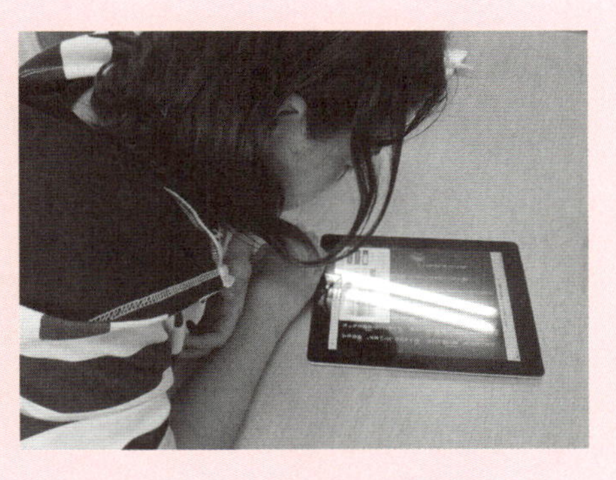

〈写真1〉読み上げ機能を使って音読練習をする

実際に使ったのはコレ！

アプリ ボイス オブ デイジー 販売元：CYPAC Co.,Inc.
・教科書（マルチメディアデイジー）の音声読み上げ機能がある。

子どもの様子

実践を通して家庭で余暇としても動画をよく見るようになり、母親が困っていたので、設定で動画を見られなくするか、または最初のミーティングで約束を作っておくことは必要だった。

「ボイス オブ デイジー」 6月に再度ミーティングを行った。それまで学級では音読の宿題が出ていたが、読みの困難さのあるFさんにとってはとても難しい課題だった。そこで担任と相談して「ボイス オブ デイジー」を使って文章を読み上げたものを聞くことを宿題として認めてもらえるようにした。

デイジーを使うようになってから、知識がしっかり定着するようになってきた。以前はテストのときに最初からあきらめることが多かったが、9月以降は担任がテストを読み上げることのない場合にも、問題を予想して解答するなど、自力で答えようする姿が多く見られた。

STEP 2 書きの困難さを支える

指導のポイント

タブレットPCでのノートテイクの方法を教え、授業に参加できるようにする。

実際に使ったのはコレ！

アプリ 7notes for iPad（現在は7notes SP）
デベロッパ：MetaMoji Corporation
・多様な入力方法を選んでノートテイクができる。

子どもの様子

書くことは読むこと以上に困難さを抱えていたので、授業中はいつも机に伏せていた。そのため夏休み中に「7notes for iPad」の使い方を指導し、9月から教室へタブレットPCを持ち込んだ。自分にもできることがあるという喜びからか、授業中に少しずつ手を動かすことが増えていった。

〈写真2〉授業でノートテイク

ノートを取ることについては、当初、タブレットPCの自分にあった入力方法を手書き認識、五十音のタップ、フリック入力の中で模索していたこともあり、急激な変化はなかった。その後、少しずつ自分なりに入力方法を試すことで、自分からタブレットPCでノートを取る回数が増えていった（写真2）。

「7notes for iPad」のよさは文字認識力の高さだと考えていたが、最終的に彼女は五十音タップ入力を選んでいたので、選択肢の幅があるという点もよかったのかもしれない。

指導のポイント

自宅で自分なりに漢字の書き取りできる手だてを考える。

実際に使ったのはコレ！

アプリ 筆順漢字（現在は常用漢字筆順辞典）
デベロッパ：NOWPRODUCTION CO.,LTD.
・漢字を調べやすく、確認の手段としても使える。

アプリ 小学6年生漢字ドリル（現在は小学生漢字ドリル）
デベロッパ：Mirai Education（現在はGloding Inc.）
・動画で漢字の筆順がわかる。

子どもの様子

自学年である6年生の漢字を書くのが難しく、漢字の書き取りの課題に取り組むこともほとんどなかったが、夏休みの課題で漢字のプリントが何枚か出された。そこで夏休みの最初のころに「筆順漢字」というアプリを紹介して検索の仕方や漢字の練習方法を紹介した。

夏休み明けに確認すると、課題は全て完了していた。「どうやってやったの?」と聞くと、自分なりの検索方法で漢字を探し、書字の困難さには動画を見ながら字を書いていた。

Fさんは画数の多い字を見ると、どこを見ているかわからなくなるのだが、動画は動いている線を見ることに集中でき、字を捉えることができていた。そこでほかにも漢字の動画アプリをいくつか入れてみたところ、「小学6年生漢字ドリル」が気に入りコツコツ進めていた。Fさんが漢字を自ら練習することなどは、これまでなかったことなので、できることを用意する大切さを学ばせてもらった。

自己理解をし、それを周囲への理解につなげる

STEP 3 保護者と本人への説明

指導のポイント

まずは本人と保護者に学習で困っている状態と本人の特性について理解させる。

子どもの様子

児童の困り感を本人にヒアリングして、授業の様子を観察、ノートや提出物の確認をし、担任からも聞き取りを行った。

そして保護者から家庭での様子を聞いて「個別の支援シート」を作成し、面談を行った。読むことや書くことはできて当然と考えていた両親に、Fさんの困り感をあらためて説明し、みんなと同じようにしたいと努力してきたが、Fさんは結果が出ずに悩んでいたこと、そしてそれは本人の責任ではないことを伝えた。

STEP 4 学級の状態把握

指導のポイント

クラスの状態に合わせて啓発活動を継続的に行うため状態を把握する。

子どもの様子

「みんなちがって、みんないい」とはよく耳にする言葉だが、子どもたちはそうは思っていないことが多い。「みんなと違ったら大変だ」という傾向が強いように感じている。

そこで「もしタブレットPCを教室に持ち込む子がいたら、みんなはどう思うか?」という内容を中心にアンケートを実施した結果、「タブレットPCなどの機器を持ち込むことはフェアではない」という回答が20パーセントほどを占めていた。

STEP 5 啓発授業の実施

子どもの様子

教室でのタブレットPC利用に向けて、クラスの子どもたちにFさんの困難さを理解してもらえるように啓発授業を実施した。

授業は、「教室で眼鏡を使うことはどう思いますか?」という問いかけから始めた。子どもたちは、当然よいと答えた。

その後、読み書きに困難のある人を取材した動画を視聴した（写真3）。「この人が読み書きを支える機器を教室に持ち込むことはどう思いますか?」と質問すると、「努力して上達しない場合にはよいのではないか」という反応が返ってきた。

そこで、Fさんの困り感を私から話をした。

〈写真3〉啓発授業の様子

授業後の感想では、「読み書きができない人がいることを初めて知った」「機器を使って学習ができるようになるなら、使ったほうがいい」と、事前アンケートで否定的な意見だった子どもたちも肯定的な意見に変化していた。

STEP 6 日常的な活動により「違いは豊かさ」だと気づかせる

子どもの様子

その後、担任は学級の日々の授業の中で、Fさんだけではなく、機器を使ったほうがよい場合はいつでも貸し出すようにした。誰もが困ったら支援を受けられるような配慮をし、「違いは豊かさ」であると伝え、それをみんなで話し合えるような学級にしていくことを心がけた。

〈写真4〉卒業文集の製作

タブレットPCがあってもFさんの困難さがすべてクリアされるわけではない。例えば、板書された漢字が読めず入力したくてもできない場合もあった。ただ、そんなときも自分から「あれ、なんて読むの?」と友だちに聞いたり、友だちがフォローしてくれたりと、以前には見られなかった様子が見られた。

卒業文集もタブレットPCを使うことを許可されたので、友だちの助けも借りながら着々と進めた（写真4）。「困ったら友だちが助けてくれることが増えた」と担任も言っているように、周囲の理解が学習を支えた。

実践を振り返って ～中学への支援の引き継ぎの大切さ～

現在、Fさんは中学3年生になっている。中学校入学時に中学校への引き継ぎはしたものの、結局、本人は周囲との違いを気にして、合理的な配慮を求めるための意思表明はしなかったそうである。そのため適切な配慮は受けられず、再度学業不振の状態に陥っているとのことだった。

小学校卒業後にFさんが卒業アルバムを取りに来たとき、「必要に応じて配慮してもらうことは必要だからね」という私に、「先生、大丈夫、私できるようになったから」と言って学校をあとにした。あのとき、もう少し説得しておくべきだったと今も悔やまれる。

読み書きで困っている児童・生徒は数多くいる。学校で適切な配慮を受けて自信をもって社会に出ていけるように、これからも理解や啓発に努めていきたい。

⑦ 定期考査の校内支援と高校受験

中学校通級　読字障害　書字障害　定期考査　校内支援

実践者●伊藤陽子　宮城県仙台市立高砂中学校
元・宮城県仙台市立五城中学校

読み・書き困難がある中学生のGくん

Gくんは、対人関係や運動面、行動に問題は見られず、発達上の課題は感じられないが、就学後になかなか文字を習得できなかった。教科書も読めなかったが、家庭で母親が範読し、Gくんはそれを覚えて授業に臨んだ。授業ではすらすらと音読ができるので、担任は困難に気がつかなかったという。

中学生になると、思春期も始まり、さまざまな面で問題が生じてきた。

【読字困難】
- 中学の教科書は情報量が多く、内容を覚えて授業に臨むことができなくなった。また、授業で教科書以外の資料や先生オリジナルの教材を使うこともあった。
- 新たに英語が加わったが、アルファベットも読めなかった。

【書字困難】
- 板書をスケッチとして書き写していたが、板書量が増え、時間内に書き写せなくなった。
- ノートを見返しても読めず、一人では復習ができなくなった。

【二次障害】
- 読み書きが原因で恥ずかしい思いをしたり、叱責されたりを繰り返すうちに自信を失い、自暴自棄になった。
- さまざまな場面で自立を求められる中学校では、学級活動や部活動など生活面でも苦労した。

指導目標の設定

週1回の通級による指導で読み書きに関する個別の指導を受けることになった。

目標 1 校内の定期考査で別室受験を実施し、適切な評価を受けられる体制を作る

目標 2 自己理解を深め、高校へ向けて自分のできることを増やしていく

目標1 校内の定期考査で別室受験を実施し、適切な評価を受けられる体制を作る

STEP 1 教科書や教材を音声化し、一人で理解できるようにする

指導のポイント

教科書の内容を理解できるように、「マルチメディアデイジー教科書」（以下、デイジー教科書）を導入する。

実際に使ったのはコレ！

アプリ デイジーポッド　デベロッパ：CYPAC Co.,Inc.
・デイジー専用のダウンロードアプリ。

子どもの様子

Gくんは、デイジー教科書をアプリ「デイジーポッド」を使って再生し、次のように学んでいった。

①デイジー教科書を続けて2回再生する。
1回目は、ハイライトを目で追いながら集中して聞き、内容を把握する。
2回目は、自分で必要な部分に振りがなをふっていく。

②教科書ワークに取り組む際にも、教科書の引用文は、デイジー教科書を使って内容の確認をした（写真1・2）。

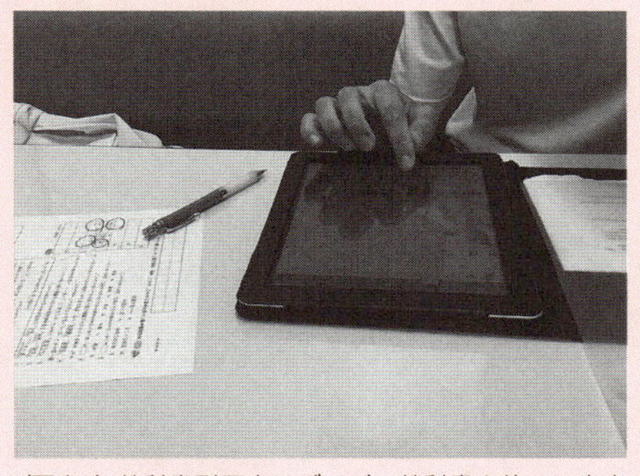

〈写真1〉教科書引用文はデイジー教科書を使って音声で確認

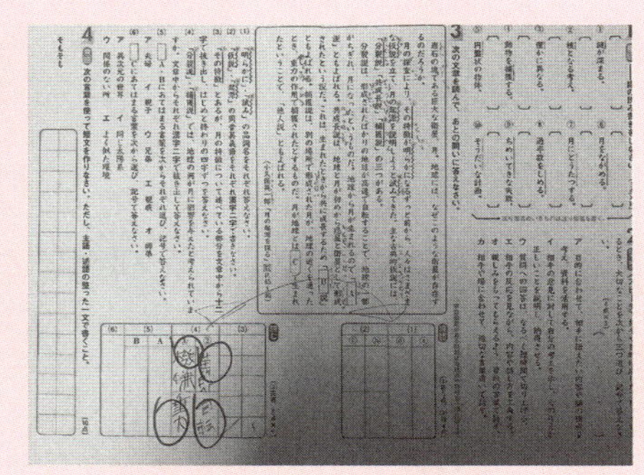

〈写真2〉自分で振りがなをふる

指導のポイント

教科書以外の教材をPDF化して、読み上げ機能を活用できるようにする。

実際に使ったのはコレ！

アプリ Office Lens
デベロッパ：Microsoft Corporation

アプリ タッチ&リード
デベロッパ：ataclab Co., Ltd.

子どもの様子

Gくんは、教科書以外の文字情報、例えばプリント類やワークの問題文などは、次のようにして学習を進めた。

①「Office Lens」で撮影し、PDFファイルに変換する。

②「タッチ&リード」というアプリで読み上げる。

Gくんは、今までワークやプリントされたテスト類は、教科書の内容が理解できていないこと、問題文が読めないことから、何を問われているのかわからず、問題を解くことができなかった。しかし、読み上げによる音の支援があれば、印刷物の内容を理解し、正しく回答できた（写真3～5）。

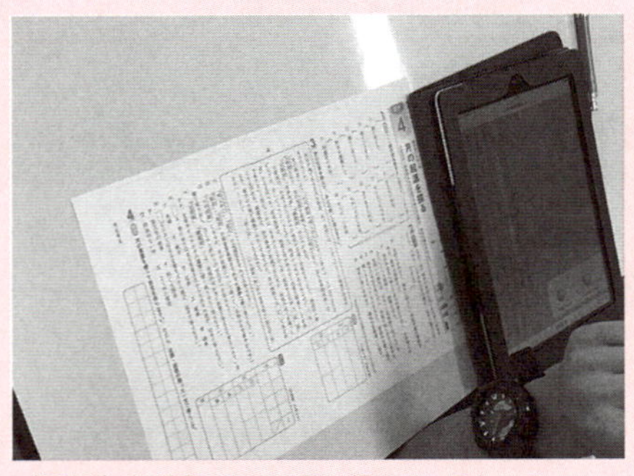

〈写真3〉教科書ワークに取り組んでいるところ

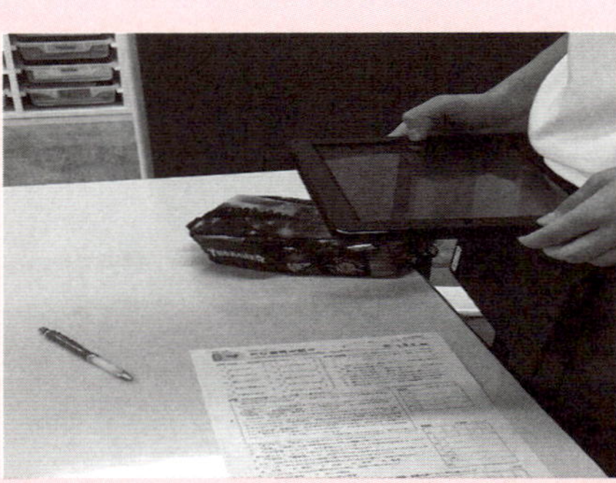

〈写真4〉「Office Lens」でプリントを撮影し、PDFに変換

〈写真5〉問題文をタッチ＆リードで読み上げ

STEP 2 在籍校と情報共有し、校内全体に支援を広げる

指導のポイント

Gくんにとって読み上げがいかに重要かつ効果的であるか、通級での姿を在籍校担任が実際に見る機会を設け、理解を促す。

子どもの様子

通級での様子を在籍校の担任に伝え、実際に見てもらった。すると、

・今まで単に理解力のない生徒と思われていたGくんが、読み上げによって次々と問題を解いていく様子を見て、担任は驚いていた。

・読み書き障害とはどういうことか、音声による支援がいかに必要性か、の理解がなされた。

・現時点でできる校内での配慮について検討してくれることになった。

機器を活用して力を発揮するGくんの姿は大きな説得力をもって、周囲の対応も変えていった。

STEP 3 教員による読み上げの配慮を受けながら、定期考査を実施する

指導のポイント

【Gくんへの試験での配慮】
・学年主任や副主任を中心に、空き時間の教員が、問題文の読み上げを行う。
・どこを読み上げるかについては、事前に教員間で確認し、共通理解のもと実施する。
・本人からの要求があれば、繰り返し読むことも可能とする。

子どもの様子

保護者はそれまでも学校へ、読み・書き障害の疑いがあることを伝え、口頭試問による理解度のチェックや試験での配慮を求めたが、認められていなかった。

しかし、Gくんが通級で本来の力を発揮する様子をもとに校内での話し合いが行われ、校内の定期考査については、別室での教員による問題文読み上げによる受験が可能となった。

結果として、どの教科においても点数が上がった。最も差が見られた英語では、50点も点数が上がり、担任も読み上げの効果にさらに驚いていた。

STEP 4 定期考査の際の配慮内容を子どもの実態に即して改善する

指導のポイント

実践を重ねるうちに明確になる、本人の希望を聞き取る。

子どもの様子

定期考査での教員による読み上げに感謝しているGくんには、「迷惑をかけている」という思いがあった。そして自分のペースと先生の読み上げのペースが違い、しっくりこないときがあったり、もう1回読んでほしいと思ったりしても遠慮があって頼めずにいた。

しかし実践を重ねていくうちに、「自分のペースで、自分の力で読みたい」という気持ちが芽生えていった。

読み上げ方法も本人の希望に合わせ、冒頭から順に読んでもらうのではなく、必要な部分を指さして、その部分を読み上げてもらう形に変更した。

目標2 自己理解を深め、高校へ向けて自分のできることを増やしていく

STEP 5 タブレットPCを利用することで、自分でできることを増やしていく

指導のポイント

【想起して書けないことの支援】

- 想起して書けない漢字や英単語を、辞書アプリを使って調べて書けるようにする。
- 自分が書いた字が正しいかを客観的に知る。

実際に使ったのはコレ！

アプリ 筆順辞典（現在は常用漢字筆順辞典）
デベロッパ：NOWPRODUCTION CO.,LTD.

アプリ 大辞林
デベロッパ：物書堂

アプリ ウィズダム英和・和英辞典2
デベロッパ：物書堂

子どもの様子

Gくんは一文字一文字を正確に覚えることは苦手だが、熟語や英単語のアウトラインは覚えることができる。また、紙の辞書を引くことは難しいが、アプリであればテキスト入力をして、候補の中から正しいものを選ぶことができた。

そこで、わからないときには、辞書アプリを使って調べるということを徹底して行った。

実際に使ったのはコレ！

アプリ 美文字検定　デベロッパ：hap Inc

子どもの様子

Gくんは、自分は正しく書いたのに、テストでバツをつけられたと不満を訴えたことがある。テストでは、採点する人から見て正しい字と認識されなければならないことを理解してもらうため、「美文字検定」というアプリで自分の字を確認した（写真6）。

〈写真6〉自分の書いた文字が他人から見てどのように思われるか確認

指導のポイント

【板書のノートテイクの工夫】

- 周囲との関係や、できることは頑張りたいという本人の希望から、色チョークで書かれた重要な部分についてのみ書き写すことにした。
- 家庭学習では、ノートに書き写した重要部分をインターネットなどで調べ、理解を深めた。

STEP 6 高校受験にあたっての配慮申請を検討する

指導のポイント

高校卒業後を見据えつつ、今の本人の希望を尊重し、具体的な方策を考える。

子どもの様子

高校受験にあたり、どこの学校を、どのような形で受験するか検討した。在籍校での実績があるので、配慮申請をしての受験も検討したが、本人の希望は次の2点であった。

・現時点でできる、自分の力で受験をしたい。
・自分の特性を理解してくれる高校に進学して頑張りたい。

以上のことを考え、面接と実技で受験可能な高校への進学を決めた。この受験には、中学校３年間の評定の下限が設定されていたが、在籍校での合理的配慮（読み上げによる定期考査受験、テストでのひらがな表記による減点免除、口頭試問による理解度のチェック）により、適正に評価されたこともあり、受験が可能となった。

STEP 7 高校へ希望や必要な配慮を伝える

進学先の高校には、Gくんは大学進学を目指し勉強を頑張りたいと希望しており、そのためにはタブレットPCの利用や読み上げなどの支援が必要であることを伝えた。

また、自ら高校の先生に自分の特性について説明し、支援がほしいことを伝えた。

実践を振り返って ～「自分でできる」は実現可能?!～

通級指導教室での当初のねらいは、単に、読み書きの困難をタブレットPCやアプリケーションを使って補おうというものであった。

しかし、Gくんが望んでいるのは、誰かに助けてもらうのではなく、「自分でできる」だったのだ。タブレットPCを使うことでそれが実現可能であるとわかり、ますますその気持ちは強くなった。

機器の利用は、Gくんの自己理解を支えたともいえる。Gくんは、高校受験を通して、自分の力だけでは難しいときは、手伝ってもらいたい部分を他者に伝え、自分の力を十分発揮できる状況を整えることを学んだ。

現在、Gくんは高校で配慮を受けながら、将来の夢の実現に向けて頑張っている。

実践十（プラス）1

「様子を見ましょう」では何も解決しない

実践者●井上賞子　島根県松江市立意東小学校

読み困難　視覚・聴覚の課題　デコーディング困難　中学生女子

子どもの実態

みんなと同じ方法では学びにくかったHさん

Hさんは、通常学級に通う中学生である。友だちも多く、部活動ではキャプテンを任されるほど、周囲からの信頼も厚い。

一方で、小学校入学直後から、学習面での困難は顕著であった。まじめにこつこつと取り組むことでなんとかついていっていたが、ついに小学校３年生のとき、「書いてあることが読めない、わからない」と担任に訴える。

しかし、適応状況もよく努力家の彼女に対して「様子を見ましょう」と、介入は始まらなかった。母親との二人三脚で、ほかの子の何倍もの時間をかけて家庭学習に取り組んでいたが、今やっていることをこなすので精いっぱいだった。

中学に入ると飛躍的に情報量が増え、彼女は再度「読めない」と訴える。しかしここでも「様子を見ましょう」と対応してもらえず、やってもやっても身につかない学習と、一桁のときすらあるテストの結果に、疲労感と無力感は増すばかりだった。

中学校1年の終わりに「ハイブリッド・キッズ・アカデミー*1」に入塾してきたことで、視覚・聴覚の課題と深刻なデコーディングの困難を抱えていることが判明した。そこで、

・カラーレンズやノイズキャンセラーつきのヘッドホンのフィッティング
・「デイジー教科書」の導入
・「タッチ＆リード」の導入

を行った。

情報へのアクセスが可能な環境を整えたことで、「これがあれば集中できる」「聞くと内容が入ってくる」という意識が芽生え始めた。

指導目標の設定

特性に合った学び方を身につけることで、本来もっている力を発揮して学ぶことを楽しませ、自信を取り戻させたいと考えた。

目標1　小学校からの学習空白を埋め、学習を定着させる

目標2　ノートテイクをPCで行うことで、今の学習内容の予習をする

指導のポイント

深刻な学習空白を埋める必要があったため、小学校の国語と算数の学習についてのおさらいに取り組んだ。

学習で使用したeラーニングシステム「palstep＊2」は重要な内容にしぼって焦点化された課題設定になっていることに加え、読み上げ機能と動画＊3による説明があるため、Hさんが音を手がかりに「自分で解決していく」体験につなげることができると考えた。

また、1日の課題量の設定や、支援者との進捗の共有などの機能も、見通しや意欲につながると思われた。

実際に使ったのはコレ！

eラーニングシステム「palstep」（エデュアス）

子どもの様子

支援をスタートしてすぐの段階では、小学校低学年の課題でも題意を正しくつかめない姿も見られた。しかし「繰り返して聞くことができる」「イメージしにくいときは動画で確認できる」という手だてが安心につながり、どんどん一人で学び進めていくことができた。

また、「できないからやりなおす」のではなく、「今の勉強に向かうためにの復習」という位置づけも本人の意欲につながり、夏休みの間に小学校6年間の復習を終えることができた。

指導のポイント

「今の学習に取り組む」方略として、アプリ「Microsoft OneNote」を使ってのノートテイクを提案した。もともとHさんはとてもきれいな文字を書き、ノートやプリントはいつもきちんとまとまっていたが、自分が何を書いているのかを読むことができずにいた。そのため、ただ書き写すだけのそれらは、学力につながっていなかった。

そこで、「palstep」で学んだ今の単元のポイントや重要語句などを「Microsoft OneNote」に入力してまとめてから授業に参加することにした。「わかる」状態で授業に取り組むことで、より理解を促進し、学習内容の定着につなげたいと考えた。

実際に使ったのはコレ！

アプリ Microsoft OneNote
デベロッパ：Microsoft Corporation

＊1 学習に困難のある子どもたちにスマートフォン、タブレットなどテクノロジーを使った学び方を伝える塾（エデュアス）
＊2 不登校の児童生徒などのためにeラーニングで学習をサポートするサービス（エデュアス）
https://www.eduas.co.jp
＊3 授業動画つき参考書『やさしくまるごと小学国語』『やさしくまるごと小学算数』（学研プラス）

子どもの様子

入力という作業は、「音」がわからないとできない。ノートテイクを核にした学習では、読み上げや動画視聴でわかったことをすぐに打ち込んでいくことで、Hさんは「自分が書いている内容」を「音」とつなげて確認していくことができた。すると、内容への理解が進み、Hさんの学習への意欲は劇的に変化していった。

その変化は、ノートにも表れている。最初は短いコメントと関連情報画像の組み合わせであったものが、だんだんと自分で図も書き込むようになり、授業後にさらにわかったことを書き加えるなどして、「自分にとってわかりやすいノート」は、どんどん進化していった。

自分で学び進めることができる状況で、「わかる」は「楽しい」につながり、予習・復習に毎日自分から向かい、長時間学習する姿が見られるようになっている。

【食物と動物の体のつくり】

●草食動物…主に植物を食べる。臼歯が大きく、全体的な視野が広いものが多い。

●肉食動物…主に動物を食べる。犬歯が鋭く、立体的に見える範囲が広いものが多い。

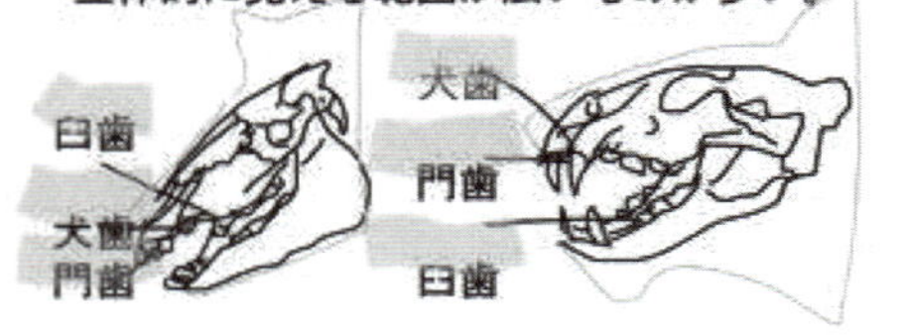

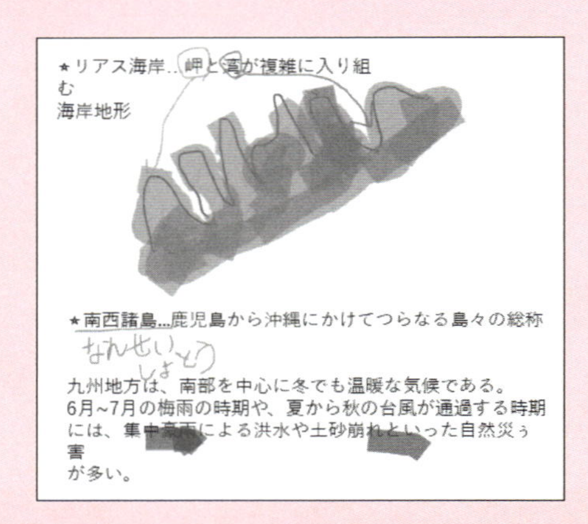

実践を振り返って ～学ぶ手だてを得て、知識をどんどん吸収するHさん～

「音があれば理解できる」というHさんの納得は、当初、人と違うことはしたくないと別室や読み上げによるテストを拒否していた気持ちも変え、自分から「テストは読み上げてほしい」と申し出ることができた。学校側もそんなHさんの願いに応え、中学校2年の2学期末からは別室での読み上げをテストで実施している。その結果、1年時は、平均の1/3いかないことも多かった点数が、平均点以上と取れるものが増えてきている。

かつては、無気力になり、わからないことがあってもそのままにしていたHさんだが、今は「これってどういう意味?」と質問してくることが増えている。さまざまな知識を吸収しようとする姿が顕著になったことに、家族も驚いている。

「別に」「どうでもいい」といっていた将来についても、やりたいことや行きたい学校を具体的に語るようになった。そんな姿からは、「自分に合った学び方」との出会いが、彼女の人生の選択肢も広げてくれるほど重要であったことが伝わってくる。

2 生活の指導と支援

⑧ 交流学級で安心して過ごすための環境作りと教材の工夫

小学生男子　自信がない　交流学級　特別支援学級　友だちとの関わり　遅刻・忘れ物　障害理解

実践者●徳永みき　鹿児島県鹿屋市立寿小学校

子どもの実態　自信のなさから交流学級の友だちと関わりをもてないＩくん

「友だちにいろいろ（折り紙で）作ってあげたい。でもなんだか恥ずかしい。ぼくは、文を書くのが苦手だし自信がない。絵も上手じゃないし、なんか友だちの前に出ると、恥ずかしくなっちゃう」と、交流学級担任である私に、ある日、Ｉくんが話してくれた。

Ｉくんは、国語・算数は特別支援学級で、そのほかの教科は交流学級（一斉授業）で学習している。

絵が下手、漢字が書けないなどのコンプレックスが強く、友だちと関わりをもちたいが、自信のなさや、恥ずかしさから、積極的に関わることができなかった。友だちへ手紙を書いてきたり、プレゼントを作ってきたりしても渡す勇気がなく持ち帰る。友だちに伝えてほしいことがあると手紙に書いて私にこっそり手渡す。文章を書くのが得意なわけではないけれど、「先生に伝えればどうにかしてくれる」とＩくんは感じているようだった。

また、学習面に関しては集中力に課題があり、疲れやすく、授業中に居眠りをすることも多かった。読み書きに困難が大きく、課題の量が多いと最初から取り組まないことも多い。

生活面では遅刻や忘れ物が多く、本人も気にはしているが、なかなか改善しなかった。

指導目標の設定

目標1　伝えたいことを友だちに伝えられるようにする

目標2　学習に意欲をもたせる

目標3　準備・時間を意識できるようにする

伝えたいことを友だちに伝えられるようにする

まずはＩくんの自信のなさ、恥ずかしさを和らげ、安心して自分を出せる友だち関係を築くことから始めることにした。

STEP 1 友だちとの関係作りを支える

指導のポイント

理解教育の授業設定をし、次のことを行う。

①本人の思いをクラスに伝える。

②自分のこととして振り返る時間を取る。

③対象児童に向けてメッセージをもらう。

子どもの様子

Ｉくんが遠足の日に書いた手紙を友だちに渡せなかったエピソードをもとに、本人の「思い」を伝える理解教育の授業を行った。

①担任がＩくんから聞き取った思いを伝える

みんなと仲良くしたいと思っていること、文章に自信がなく手紙が渡せないでいること、朝の登校時間について頑張ろうと思っていることなどを、担任から学級全体に伝えた。

②自分にも同じような経験がないか話し合い、発表した

Ｉくんの思いを受け止めるだけでなく、学級の子どもたち一人ひとりが自分を振り返り、自分のこととして感じてほしいと思ったからである。

③Ｉくん宛てに全員が手紙を書いた

児童からの手紙には、「頑張って」というエールだけでなく、共感を含む感想が綴られていた。

児童の書いた手紙より

「Ｉくんの思いがわからなくてごめんね。」
「いつも，みんなをはげましたり、やさしくしてくれたりしてありがとう。」
「遊ぼうとさそってくれてうれしかったよ。」
「今日の話を聞いてとてもうれしくて泣きそうになったよ。」
「ぼくも四年生になって初めて発表に自信がもてました。ずっときんちょうしてぜんぜん発表できませんでした。」
「Ｉくんがはずかしいのは、よくわかるよ。わたしもそうだから。」

その後、Ｉくんだけでなく誰でも困ったことがあれば、学級みんなで解決していこうと話し、実際、何度か話し合いの時間をもった。

３学期のある日、最近の様子をＩくんに聞いてみると、「よくわからないけど、（友だちと）話しやすい。みんなと縄跳びをしたいから」と答えた。

以前は友だちから誘われるのをいつも待っていたが、最近では自分から「入れて」と言えるようになったという。

STEP 2 作文や漢字に対する苦手意識を軽減する

指導のポイント

タブレットPCの漢字予測変換機能により、書く負担感を軽減する。

実際に使ったのはコレ！

Book Creator for iPad
デベロッパ：Red Jumpse Limited
・絵、テキスト、音声などを簡単に入力可能。
・絵本が作れる。

子どもの様子

Ｉくんが私に渡す手紙は、日記のような文章のことが多かった。そこで、Ｉくんの交流学級での思いを伝える日記をタブレットPCを用いて書くという宿題を出すことにした（写真1）。タブレットPCを使ったのは、漢字の予測変換があるため、Ｉくんの漢字に対する苦手感を軽減できると考えたからである。

すると、普段は使うことができない漢字も正しく選んで使うことができていた。しだいに紙上でも漢字を使おうとする姿が見られるようになってきた（写真2）。

〈写真1〉提出された日記は教師が出力

〈写真2〉みんなに見せることができる安心感、自信の深まりが感じられる

また、この日記は、書きたいことがあるとき、自由に提出できるしくみにした。うれしい出来事があると自主的に日記を書いてくることも多く、内容は友だちと遊んで楽しかったこと、うれしかったこと、友だちへの感謝の気持ちなどだったので、交流学級で友だちと読み合う場面をもち、思いを伝え合った（写真3）。

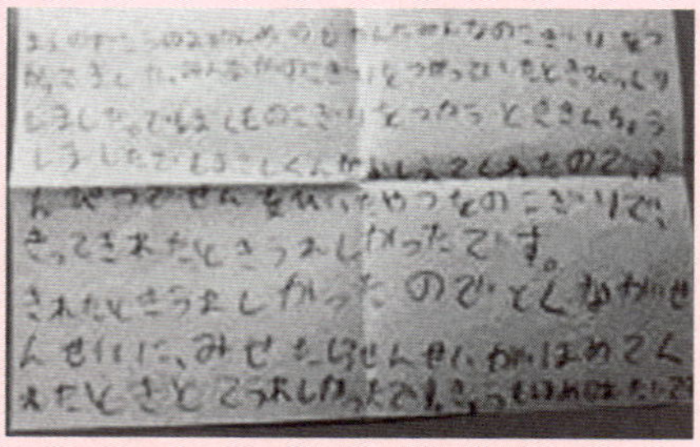

〈写真3〉図工で手伝ってくれた友だちのことを書いてきた日記

学習に意欲をもたせる

授業内容に注意を向け続け、学習に前向きに取り組むためのアイテムとしてもタブレットPCを活用した。

STEP 3 一斉授業において自分の役割を明確にする

指導のポイント

- 教室全体が目に入る提示を手元の決まった場所で確認できるようにする。
- 集団の中で自分が役に立つ経験ができるようにする。

実際に使ったのはコレ！

タブレットPCのストリーム機能

子どもの様子

一斉での授業では、集中力が持続しなかったり、どこに焦点を当てて考えればよいのかわからなかったりして、ぼうっとしたり居眠りをしてしまうことが多かった。

そこで、クラス全体に、デジタル教材や具体物の写真などをモニターで掲示する際は、Ｉくんのタブレットに同じ映像をストリーム機能で映し出し、Ｉくんは机の上で、確認できるようにした（写真4）。

〈写真4〉タブレットPCを用いて学習するＩくん

交通安全施設、防災施設マップ作りの学習では、Ｉくんにタブレットで施設の写真を撮るという役割をもたせた（写真5）。他児童は見つけた施設を地図内にメモし、Ｉくんの撮った写真をタブレットPC上で合わせて、学校全体に提示した（写真6）。本人の撮った画像が全体で使用されることで、本人の興味関心を深めることができた。

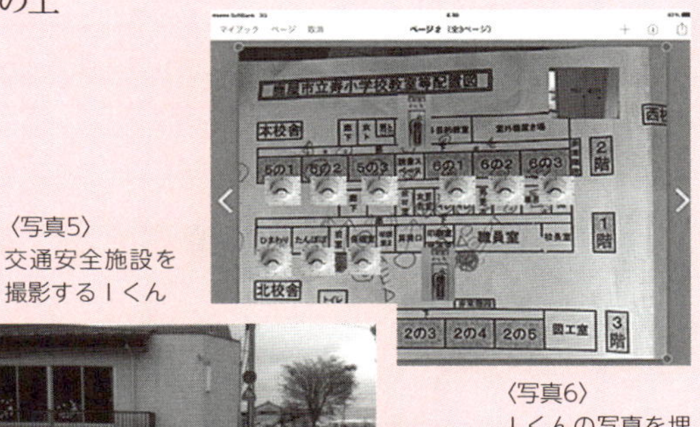

〈写真5〉交通安全施設を撮影するＩくん

〈写真6〉Ｉくんの写真を埋め込んだ防災施設マップ

STEP 4 確実にできる作業を個別に与える

指導のポイント

焦点化して考える時間を確保する。

子どもの様子

板書の量が増えると一気にやる気をなくすIくん。また、板書することに終始してしまい内容にまで意識が向かないときもあった。

そこで、板書の量を減らし、考える時間を確保するために、「穴埋め式のノートテイク」を試みることにした（写真7）。

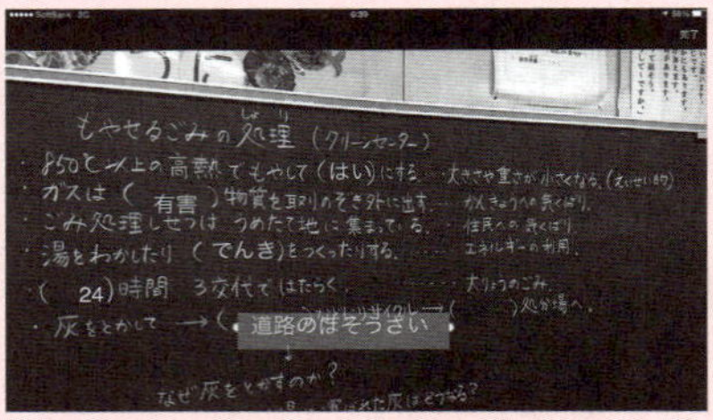

〈写真7〉タブレットPCを用いた穴埋め式のノート

①教師ははじめから穴埋め形式で板書。
②学級児童は穴を埋めながらノートを書く。
③Ｉくんはそれを写真に撮り、タブレットPC上で重要語句だけ記入する。
④教師が黒板をひと通り書き終わるまで時間があるので、その時間に教科書から何が入るか考えさせることで内容にも意識を向けさせた。
⑤タブレットPCで記入したものはあとで印刷し、ノートに貼り付けさせた。

その後、大事なことが手元で確認できることと穴埋め式ノートテイクにより内容を理解しようとする意識が働いたことで、授業中の居眠りがなくなった。

それどころか、何度も手を挙げる意欲も見せるようになった。また、都道府県テストでは、８割正答することができ、本人の自信へもつながった。

目標3 準備・時間を意識できるようにする

STEP 5 時間割を自分で行う習慣をつける

指導のポイント

準備物を揃える際の確認の方法をもたせる。

実際に使ったのはコレ！

アプリ 写メモーる
デベロッパ：Prime System Laboratory Co.,Ltd.
・撮った写真に手書きのメモができる。

【1学期】
・教科ごとに何が必要か一目でわかるように、教科ごとの道具一式が写った写真カードを用意した。
・帰りの会の前に、明日の時間割を確認させ、写真カードをリングフォルダーで綴じて持ち帰らせた（写真8）。
・自宅ではそれを見ながら時間割を確認させた。

〈写真8〉教科ごとの道具カード

【2学期以降】

・教室内に掲示された明日の時間割をタブレットPCで撮影させた。
・自宅でアプリ内の写真に印をつけていくことで時間割を確認させた（写真9）。

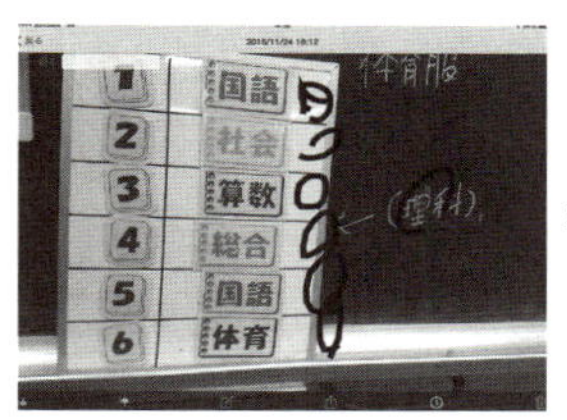

〈写真9〉
明日の準備を行ったタブレットPC上の写真

STEP 6 登校時間を意識し、生活リズムを改善する

指導のポイント

成果を視覚化する。

実際に使ったのはコレ！

アプリ 時めも デベロッパ：Masaki Nagaishi
・タイムスタンプアプリ。

子どもの様子

成果を実感し、児童自ら早起きしようという気持ちを引き出すため、朝何時に登校したかを「時めも」というタイムスタンプアプリを使って記録を取った（写真10）。最初は9時を目標としていたため、9時前登校のときには黄色、それ以降に登校の場合は赤色で区別させた。

〈写真10〉
タイムスタンプアプリ

登校時間については、なかなか始業時刻に間に合うことが難しかった。しかし少しずつみんなと同じ時間に登校したいという意識の高まりが見られ、それまで車での登下校だったのが、11月以降は支援員の先生と歩いて登校する練習を開始した。3学期からは、母親と歩いて登校する練習を開始することができた。

実践を振り返って ～一人ひとりの居場所作りを～

Iくんは、運動はどちらかというと苦手だった。1学期は逃げ出していたリレーの練習に、2学期は積極的に参加する姿が見られた。「Iくん速いね」と友だちが声をかけていたので、お母さんにそのことを話すと、「以前遅いとばかにされ、それから運動することを嫌がるようになった。本人に自信が戻ったようでうれしい」と話されていた。

周りに支えられ、自分を出せる安心感が増したことが、本人の自信へとつながったと感じている。

タブレットPCを使用するIくんを「ずるい」と言っていた児童も、「いいと思う」と、いつしか変化していた。

交流学級という集団活動の場では、お互いを理解し、認め合う関係を築くこと、また、学級経営では児童一人ひとりの居場所作りが大事だと考えている。

読み・書き
生活
コミュニケーション

⑨ デジタル教科書で予習して生活スキルを獲得する

知的障害特別支援学校 生活スキル 中学部 デジタル教科書 家庭学習 自己肯定感 中学部女子

実践者●齋藤大地
東京学芸大学附属特別支援学校

子どもの実態 手先が不器用で初めてのことに固まってしまうJさん

中学部2年生のJさんは、ちょっぴり恥ずかしがりやだが、何事に対しても前向きに笑顔で取り組むことができる生徒である。Jさんは、本校独自の「くらし」の授業が苦手だった。「くらし」の授業は、家庭や地域で生活するために必要な基本的知識と技術を得ることなどを目的とするものだ。

Jさんは、初めて経験することに対して抵抗感があり、家庭生活スキルの経験不足や手先の不器用さもあった。つまり、Jさんにとって、経験したことのない生活スキルを学ぶ場である「くらし」の授業の学習内容の多くが初めてのことであった。

そのため、Jさんは、授業で固まってしまったり、ほかの生徒からの評価を気にして積極的に授業に参加できなかったりする姿が見られた。例えば、「住まい」をテーマにした授業で、掃除機のコードをしまうボタンの位置がわからず、以後の授業への参加をためらうことがあった。

こうした経験を積み重ね、「できないかもしれない」という不安や苦手意識が高まり、自信を失っている状態であった。

指導目標の設定

家庭で次の授業で扱うスキルの予習をすることで、学校の授業に自信をもって参加できるようにする。

家庭と学校それぞれで、学習するJさんの様子を共有し、教師や友だち、保護者からポジティブな評価を得ることで、本人の自信につなげる。

目標 1 家庭での予習をカスタマイズする

目標 2 他者からの評価をポジティブに受けとめる

【2学期以降】
・教室内に掲示された明日の時間割をタブレットPCで撮影させた。
・自宅でアプリ内の写真に印をつけていくことで時間割を確認させた（写真9）。

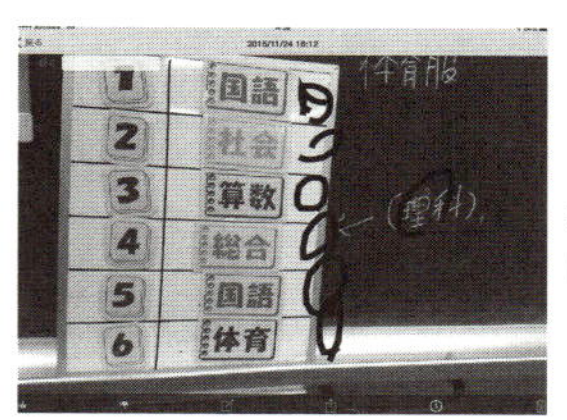
〈写真9〉
明日の準備を行ったタブレットPC上の写真

STEP 6 登校時間を意識し、生活リズムを改善する

指導のポイント

成果を視覚化する。

実際に使ったのはコレ！

アプリ 時めも　デベロッパ：Masaki Nagaishi
・タイムスタンプアプリ。

子どもの様子

成果を実感し、児童自ら早起きしようという気持ちを引き出すため、朝何時に登校したかを「時めも」というタイムスタンプアプリを使って記録を取った（写真10）。最初は9時を目標としていたため、9時前登校のときには黄色、それ以降に登校の場合は赤色で区別させた。

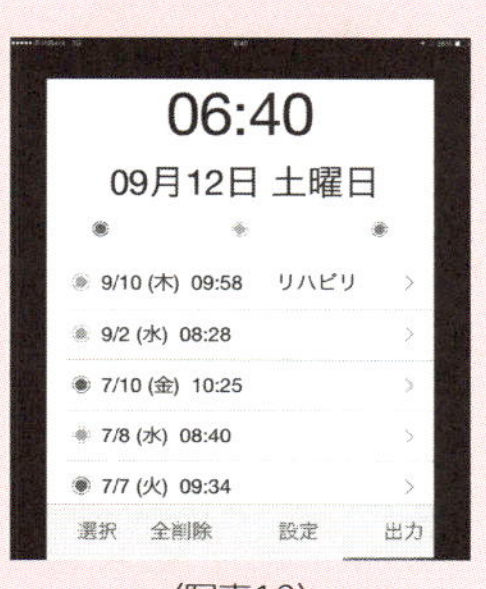

〈写真10〉
タイムスタンプアプリ

登校時間については、なかなか始業時刻に間に合うことが難しかった。しかし少しずつみんなと同じ時間に登校したいという意識の高まりが見られ、それまで車での登下校だったのが、11月以降は支援員の先生と歩いて登校する練習を開始した。3学期からは、母親と歩いて登校する練習を開始することができた。

実践を振り返って ～一人ひとりの居場所作りを～

Iくんは、運動はどちらかというと苦手だった。1学期は逃げ出していたリレーの練習に、2学期は積極的に参加する姿が見られた。「Iくん速いね」と友だちが声をかけていたので、お母さんにそのことを話すと、「以前遅いとばかにされ、それから運動することを嫌がるようになった。本人に自信が戻ったようでうれしい」と話されていた。

周りに支えられ、自分を出せる安心感が増したことが、本人の自信へとつながったと感じている。

タブレットPCを使用するIくんを「ずるい」と言っていた児童も、「いいと思う」と、いつしか変化していた。

交流学級という集団活動の場では、お互いを理解し、認め合う関係を築くこと、また、学級経営では児童一人ひとりの居場所作りが大事だと考えている。

⑨ デジタル教科書で予習して生活スキルを獲得する

知的障害特別支援学校 生活スキル 中学部 デジタル教科書 家庭学習 自己肯定感 中学部女子

実践者●齋藤大地
東京学芸大学附属特別支援学校

子どもの実態 手先が不器用で初めてのことに固まってしまうJさん

中学部2年生のJさんは、ちょっぴり恥ずかしがりやだが、何事に対しても前向きに笑顔で取り組むことができる生徒である。Jさんは、本校独自の「くらし」の授業が苦手だった。「くらし」の授業は、家庭や地域で生活するために必要な基本的知識と技術を得ることなどを目的とするものだ。

Jさんは、初めて経験することに対して抵抗感があり、家庭生活スキルの経験不足や手先の不器用さもあった。つまり、Jさんにとって、経験したことのない生活スキルを学ぶ場である「くらし」の授業の学習内容の多くが初めてのことであった。

そのため、Jさんは、授業で固まってしまったり、ほかの生徒からの評価を気にして積極的に授業に参加できなかったりする姿が見られた。例えば、「住まい」をテーマにした授業で、掃除機のコードをしまうボタンの位置がわからず、以後の授業への参加をためらうことがあった。

こうした経験を積み重ね、「できないかもしれない」という不安や苦手意識が高まり、自信を失っている状態であった。

指導目標の設定

家庭で次の授業で扱うスキルの予習をすることで、学校の授業に自信をもって参加できるようにする。

家庭と学校それぞれで、学習するJさんの様子を共有し、教師や友だち、保護者からポジティブな評価を得ることで、本人の自信につなげる。

目標 1 家庭での予習をカスタマイズする

目標 2 他者からの評価をポジティブに受けとめる

目標1 家庭での予習をカスタマイズする

STEP 1 「デジタル教科書」を活用し、自宅で予習をする

指導のポイント

- スキルを予習できるように、情報量が多すぎないように留意しながら、手順を示す動画を作成・提供する。
- 子どもや保護者と相談しながら、本人が扱いやすいようにカスタマイズする。

実際に使ったのはコレ！

アプリ iBooks Author デベロッパ：Apple
・Macでオリジナルの本を作成できる。

アプリ iBooks デベロッパ：Apple
・iBooks Authorで作成した本を読むことができる。

子どもの様子

私（担任）は、「くらし」の授業で学ぶ家庭生活スキル（例えば、白衣のアイロンがけなど）についてのデジタル教科書をMacのアプリ「iBooks Author」で自作した（写真1）。そしてタブレットPCのアプリ「iBooks」に入れて使用し、Jさんにタブレットを自宅に持ち帰らせた。Jさんは自宅でデジタル教科書を見ながら、実際にやってみることで予習した。

デジタル教科書の作成にあたっては、次の二つを基本とした。
・1ページに1つの手順
・1つの動画は30秒以内
さらに、本人と母親とデジタル教科書の使いやすさについて相談しながら、段階的に次のような改良を行った。
・イラストや動画のほかに文字を付記する
・知識に関するページも加える

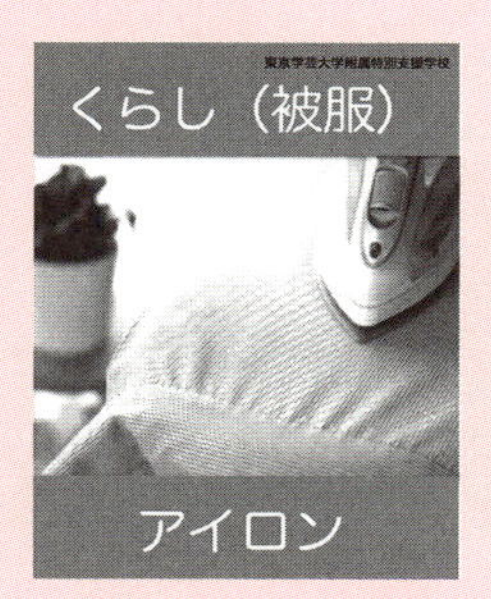

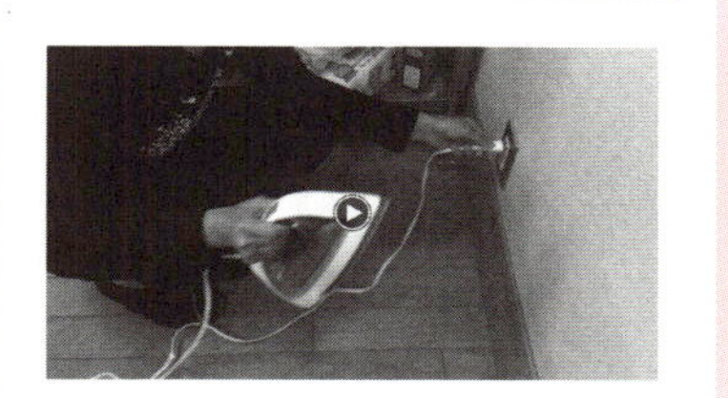

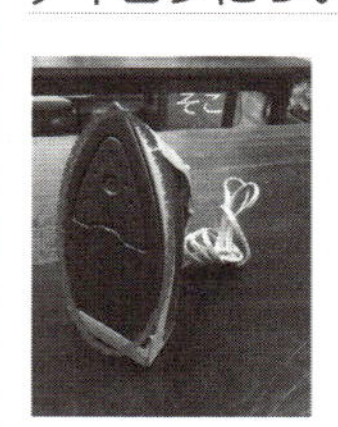

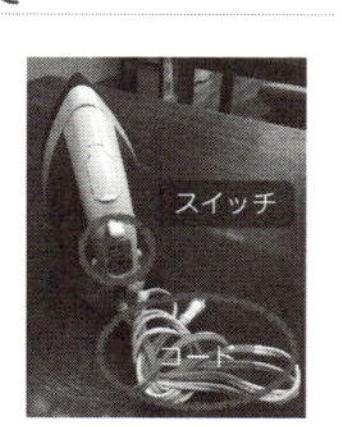

〈写真1〉自作したデジタル教科書

STEP 2 自信をもって授業に臨み、より積極的に活動に参加する

指導のポイント

授業において課題へ従事する割合を記録することで、教材の効果を測る。

子どもの様子

第10回までの各授業の実技場面におけるJさんの課題従事率の推移を〈図1〉に示す。第1回からすでに80%を超えていたが、これは、1年生のときのJさんの様子を考えると想像もできないことであった。

第2回の「白衣のアイロンがけ」の授業では、「誰か最初にやってくれる人?」という問いかけに対し、「はいっ!」と初めて実技の見本の場面で自ら手を挙げた。白衣のアイロンがけの複雑な手順を暗唱しながら行っていたため、家庭でどのように取り組んだのかJさんに聞いたところ、「自分でたくさんやりました」とうれしそうに教えてくれた。

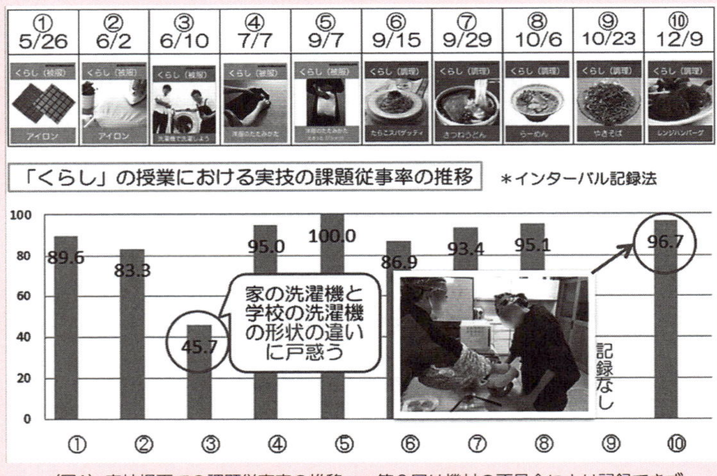

〈図1〉実技場面での課題従事率の推移　＊第9回は機材の不具合により記録できず

他者からの評価をポジティブに受けとめる

STEP 3 自宅で練習している様子を撮影し、学級全体で共有する

指導のポイント

- Jさんの頑張りを周知することで、周囲の生徒のJさんに対する評価が変わる。
- Jさんの「できた！」によって、「自分もああなりたい」と周囲の生徒の意識も変化する。

実際に使ったのはコレ！

アプリ カメラ　デベロッパ：Apple
アプリ 写真　デベロッパ：Apple

- カメラで撮影した動画を保存できる。
- Airdrop機能でほかの端末へ動画を送ることもできる。
- 写真や動画を撮影することができる。

子どもの様子

【周囲の生徒の変化】

自宅でJさんがスキルの練習に取り組んでいる様子をカメラアプリで撮影してもらった。

第1回の授業の導入で、Jさんの動画を学級全体で見る機会を授業内に設けた。すると、周りの生徒たちから「Jさんすごいね！」「こんなことできるんだ！」とポジティブな声が自然とわき上がった。それに対しJさんも「おー！」と言いながら拍手をし、恥ずかしがりながらもうれしそうにしていた。

第3回目の授業でも同様に動画を学級で見たあと、2人の男子生徒から「僕たちもJさんのデジタル教科書で勉強をやってみたいです」と申し出があった。彼らは、Jさんがどんどん自信をつけ、スキルが向上していく姿を間近で見てそれがうらやましくなったとのことであった。

学級での支援を考える際、「その子」ができるようになるだけでなく、常に環境との相互作用の中でのその子を捉え、周囲の環境に対してもアプローチしていくことが重要なのだと思う。

指導のポイント

周囲からのポジティブな評価は、積極的に友だちにかかわろうとする姿勢につながる。

子どもの様子

第3回の課題従事率が50%を下回ったが、これは家庭の洗濯機と学校の洗濯機の形状が違うことに戸惑い、自分で解決することも友だちや先生に聞くこともできずに固まってしまったからであった。

しかし、第5回の授業中では、洋服のたたみ方がわからない友だちに対し、自分のデジタル教科書を見せながら教えていた。

また、第10回においては、調理工程を忘れてしまったとき、同じグループの生徒に「どうやるんだっけ？」と聞くことができた。

STEP 4 学校の授業におけるJさんの頑張りを動画や連絡帳で、保護者に伝える

指導のポイント

教師や友だち、および保護者といった多方面からの評価を得ることで、本人の「できた！」感覚を確かなものにする。

子どもの様子

【母親の変化】

実践初期に、母親と面談において、Jさんをほめることがまずは大切であることを再確認した。さらに、タブレットPCに学校の様子の動画を入れるだけでなく、Jさんができるようになったことを連絡帳にその都度記載していった。その結果、実践の中期以降には、母親自身がJさんに必要となる家庭生活スキルを考え、家庭で実践してきてくれることが増えた。

第10回の授業後には、母親に対して、6項目についてアンケート（①全くそう思う、②多少そう思う、③あまりそう思わない、④全くそう思わない、の4段階で評価）を実施した（図2）。その結果、項目1や2のJさん自身の変化については「②多少そう思う」という評価だったのに対し、3や4といった家庭での取り組みの変化については「①全くそう思う」という評価であった。これは、Jさん自身の変化以上に、家庭での取り組みに変化があったと母親が感じていたということである。

さらに、自由記述欄には「何からどう教えると身につくのかわからずにすべてにおいて子どもの経験不足にしてしまっていたがiBooksを使用してお手伝いの幅が広がった」と書かれており、母親自身も困っていたのだとわかった。

同時期に、Jさんにも一連の取り組みに関する感想を書いてもらった。紙には「学校で、みんなに動画を見てもらってうれしかったです。できるようになったじゃないと母にほめられてまたやろうと思いました」とあった（写真2）。

Jさんにこうした変化をもたらした背景には、本人の努力とともに周囲の友だちや母親の変化があったことがうかがえる。

アンケート

質問1～6

1	Jさんの生活技術の習得	②多少そう思う
2	Jさんの自信や主体性	②多少そう思う
3	家庭と学校の連携に有効か	①全くそう思う
4	家庭での取り組みの変化	①全くそう思う
5	機器の使い勝手	②多少そう思う
6	今後も続けてほしいか	①全くそう思う

〈図2〉アンケート

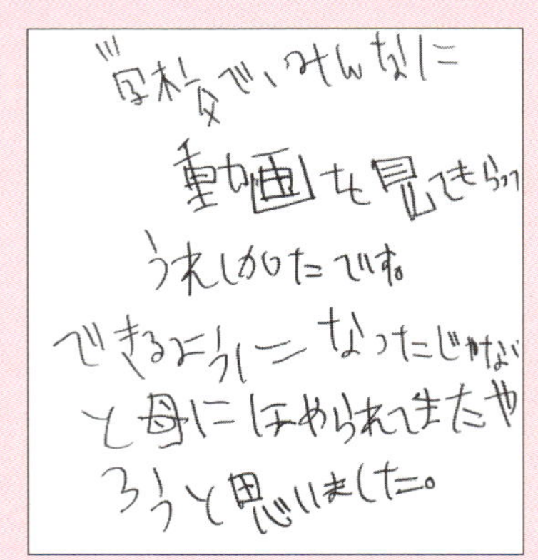
学校でいみんなに
動画を見てもらっ
うれしかったです
できるようになったじゃない
と母にほめられてまたや
ろうと思いました。

〈写真2〉実践後のJさんの感想

実践を振り返って ～本人の「できた！」とそれを支えた周囲の変化～

2年の3学期の授業の一番最初に、何を学習したいのかアンケートを取ったところ、Jさんは「そうじきがやりたいです（そうじきをかけたい）」と書いた。理由を聞いてみると「1年生のときにできなかったからです」とのことであった。1年間のうちに、苦手としていたことをやってみたいと思えるようになるほど自信がついたのだと、感動したのを覚えている。

Jさんが自信を得たのは、自分にとって有効な学習方法（予習）を確立したからだろう。

ある日、休み時間に、Jさんが自発的に「本でも予習してみよーっと」と言って、おもむろに授業内容に関連する本を読み出したことがあった（写真3）。さらにインターネット検索によって自分の知りたい情報を見つけることもできるようになった。

このように、今では私が作成したデジタル教科書という方法を離れ、本やインターネットで自発的に予習をするJさんの姿がある。

〈写真3〉休み時間に本で予習をするJさん

⑩ 不登校生徒に学習の見通しと自信をもたせる

自閉症・情緒障害支援学級
不登校　学習空白　集団への不適応
対人関係　こだわり　中学生男子

実践者●永石 浩　佐賀県武雄市立北方中学校

子どもの実態　学習の遅れと対人関係に困りのあるKくん

自閉症・情緒障害支援学級に在籍するKくん（中学校2年生）は、たくさんの失敗や抑圧的な関わりを受けた体験から、人との関わりを極端に避けるようになり、対人関係に大きな困難がある。また、物事に対するこだわりをもちやすく、一方的な指示や、急な予定の変更など見通しの立たないことに対しては、過度の緊張とストレスを感じる。

小学校2年生から登校しぶりが始まり、3年生から不登校の状態が続いていた。6年生の7月に他県から転居してきたのを機に、Kくんは自分の困難を克服していきたいと考え、中学校への入学をきっかけにして、登校への意欲を示した。

4月から、週に１回、送迎付きで登校を始めた。集団に対する不安が大きいので、まずは特別支援学級担任と１時間程度の活動に取り組んだ。学習面では、次のような困難があった。
・知的な遅れはないが、学習の空白が長く、小学校の内容は定着していないものが多い。
・文章を読み内容を理解することができるため、自宅では、関心をもった事柄を本やインターネットで調べて学んでいた。
・文字を書くことに抵抗があり、苦手としている。自分で長い文章を考えることが難しい。

指導目標の設定

Kくんが安心して学校で活動でき、学習空白を取り戻せる方法を提供したいと考えた。

目標 1 担任教師と安心してコミュニケーションを取れるようになる
目標 2 少しずつ学校生活に慣れ、意欲をもって活動する
目標 3 学習への見通しと自信をもつ

担任教師と安心してコミュニケーションを取れるようになる

STEP 1 学校での個別の活動において、見通しをもたせ、安心できる環境を作る

指導のポイント

担任が「子どもと学校とつなぐ窓口」になれるように信頼を得る。

子どもの様子

登校後、Kくんは担任と一緒に今日の活動予定を確認し、相談しながら活動内容を決めた。自分が活動する場所、活動時間、活動内容、活動量に見通しをもてるようにした（写真1）。

Kくんは、対面しての直接的なコミュニケーションによって、自発的な言葉が出てくるようになった。

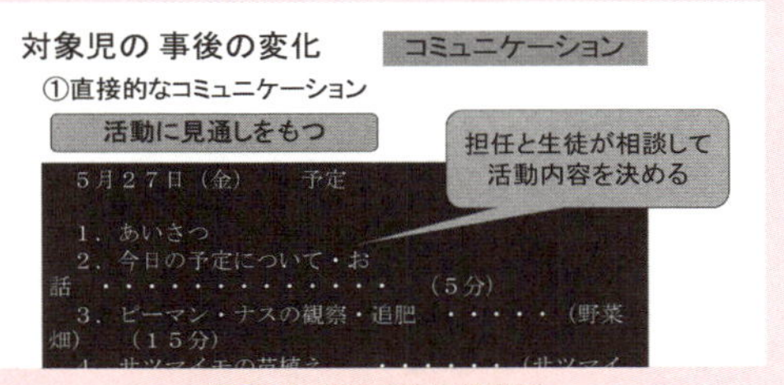

〈写真1〉活動予定の板書例

STEP 2 担任とやり取りする場を広げる

指導のポイント

学校以外でも担任とコミュニケーションできる環境を作る。

実際に使ったのはコレ！

アプリ ByTalk for School
デベロッパ：Bait Al-Hikma Co.,Ltd.

- 教師の管理の元で児童・生徒、教師だけが連絡を取り合える学校専用チャット。
- クローズドSNSのため、保護者に安全性を説明しやすい。

子どもの様子

学校以外（遠隔）でもKくんが担任とメッセージをやり取りできるように、タブレットPCを活用した。

アプリ「ByTalk for School」のチャット機能を使ったのだが、電話と違い、即座に受け答えをしなくてすむので、Kくんは、伝えたいことをじっくり考えてからメッセージを送ることができる。文章を考えて伝達することが難しい彼にとって大きな手助けになった。

目標2 少しずつ学校生活に慣れ、意欲をもって活動する

STEP 3 学校でできる活動内容を増やす

指導のポイント

興味関心がもてる体験活動を手がかりにしていく。

子どもの様子

【農作業】

担任はKくんにナス、ピーマン、サツマイモなどの栽培活動を紹介し、学校の菜園で農作業に取り組むことを提案した。

Kくんは、担任の説明を聞いたあと、YouTubeで栽培に必要な作業手順の動画を視聴するなどの事前学習をしてから、担任と一緒に農作業に取り組んだ（写真2）。

Kくんは、土を触ることに抵抗がなく、苗の手入れをしたり、肥料をまいたりと、意欲をもって活動できた。また、農作業に用いる用具や作業の名前を自分で調べて日記に書くなど、自発的な学習ができていた。

〈写真2〉Kくんによるピーマンのわき芽を取る作業の様子

【美術の実技】

Kくんが「絵を描く練習をしてみたい」と言ったので、担任が紙のワークシートを作成し、鉛筆画に取り組んだ。基本的な練習として、鉛筆の使い方、明度やグラデーションの表現から始めた（写真3）。

Kくんは、鉛筆で絵を描くことに興味を示し、教室での40分程度の作業に集中して取り組んでいた。「難しいな……」「こんな感じかな……」などとつぶやきながら、気持ちも表現していた。

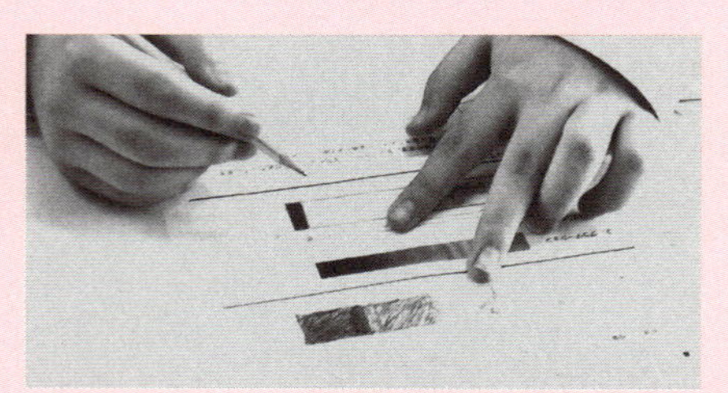

〈写真3〉担任が作成した美術のワークシートに取り組む

学習への見通しと自信をもつ

Kくんは、学校で教科書を使って学習することに抵抗があり、学習の空白が続いていた。そこで、Kくんが学習したいと思う教科と学習内容を自分で選んでもらい、家庭学習をスタートした。

STEP 4 家庭で学習する時間を作る

指導のポイント

毎日少しずつ学習の時間を取り、学習習慣をつける。

実際に使ったのはコレ！

「4年生までに身につけたい言葉力1100」
販売元：学研プラス

・漢字の手本と意味を確認しながら覚え、その言葉を、文章の中で確認して使うことができる。

子どもの様子

家庭で、Kくんがやり切れる内容と分量で進めることに留意し、学齢相当だが学習の積み上げがいらない内容（中学地理、言葉、漢字）から取り組んだ。

Kくんは、この問題集を使って、家庭学習の時間を自分で決めて取り組むことができた。少しずつ、学習習慣を身につけている状態にあると思われた。

STEP 5 動画授業により体験活動の続きを家庭で行う

指導のポイント

自分なりの学習方法を身につけることによって、自信をもつ。

子どもの様子

鉛筆デッサンや農作業に取り組んでいるKくんのために、担任はデッサンの技法や作業の要領を解説し、実演する動画をタブレットPCで撮影し、Kくんに提供した（写真4・5）。

Kくんからは、好意的な感想を得た（写真6）。

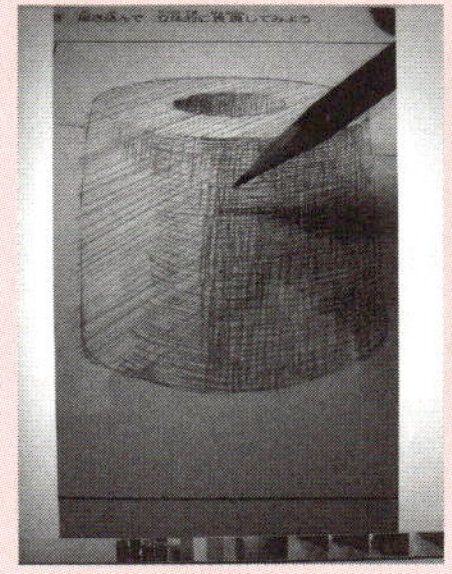

〈写真4〉動画授業による技法の解説

〈写真5〉担任による動画授業の様子

〈写真6〉生徒から担任へのメッセージ（ByTalk for School）

STEP 6 学校での学習内容に家庭で取り組む

指導のポイント

家庭で取り組んだ学習内容を学校に提出できるようにする。

実際に使ったのはコレ！

アプリ タッチ&リード
デベロッパ：atacLab Co., Ltd.

・紙媒体の文字情報を認識して読み上げる機能。
・撮影した画像に、文字を入力して書き込むことができる。

子どもの様子

Kくんは、文章を考え、文字を書いて提出するということに不安を感じているので、問題集などに直接答えを書き込むことに抵抗がある。そこで、家庭での学習成果を担任にスムーズに提出できるように、次のような方法を試した。

①「タッチ&リード」を使って、問題集のページや課題プリントを撮影する。
②その画像に入力した解答や図形を挿入して、 解答済みの画像データを作る。
③それを「ByTalk for School」のチャットに添付して担任に送信することで、提出する（写真7）。

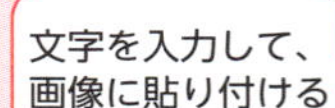

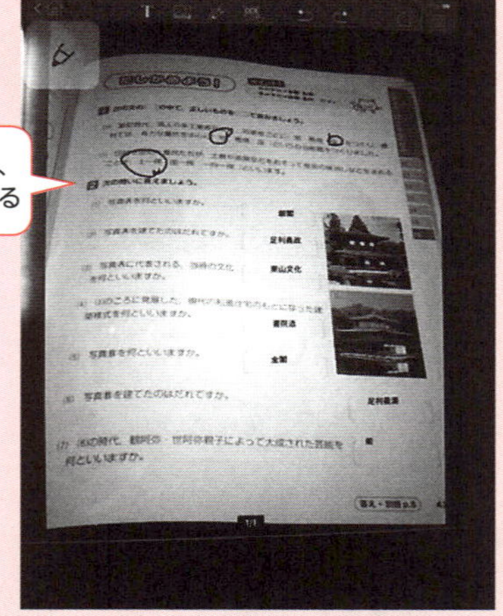

〈写真7〉Kくんが ByTalk for School で家庭での学習を報告してきたもの

Kくんは、家庭学習の提出に対して担任が評価しコメントを返信してくることが、一つの楽しみになっている。そのことによって、成功体験が増えて自信をつけ、自分に合った学習の手がかりを少しずつ掴んでいるのではないかと思われる。

実践を振り返って ～学習への自信と見通しを、登校して学習したいという意欲に～

保護者は、最近のKくんは、担任と一緒に学習したいという気持ちがあり、登校意欲に結びついているようだと話された。また、納得できないことや困難な状況に対して気分が落ち込むことがあるが、その後の気持ちの切り替えが、以前より上達したそうだ。

ある日、Kくんは「ByTalk for School」で担任に誕生祝いのメッセージを送ってくれた。課題の提出以外にも、こういった自然なやり取りができるようになった。

今後は、Kくんが「ByTalk for School」でのやり取り以上に、実際に担任と学習したいと考え、登校に結びつくように、生徒の興味・関心を引き出すような学習課題を工夫していきたい。

⑪ 自宅で参加できる ビデオ通話機能を活用した授業

不登校　注意欠陥多動性障害　中学部
自閉症　昼夜逆転　病弱特別支援学校
重複学級　はじめてのことが苦手

実践者●阿保孝志朗
青森県立青森聾学校
元・青森県立浪岡養護学校

子どもの実態　**不登校期間が長く、集団での学習経験が少ないLくん**

Lくんは、注意欠陥・多動性障害と自閉症の診断で、中学部の重複学級に在籍していた。一方的に話すなどコミュニケーション面に課題があり、初めてのことや苦手なことに対して強い抵抗を示し、思い通りにならないとかんしゃくを起こすことが多かった。

小学校２年生のときに不登校になり、小学校５年生の途中から本校（病弱特別支援学校）小学部に転入してきたが、その後もなかなか登校できないでひきこもりがちだった。

授業を受けた経験が非常に少なく、集団学習にも慣れていないため、登校した際も学校のルールに従うことができずに不適応を起こしてしまうことがあった。また、生活が不規則で昼過ぎに起きるため、登校は放課後になってしまい、参加したい授業があっても、参加できない状態だった。

興味のある行事（社会見学、宿泊学習など）の事前学習では登校することができていたが、中学部１年の10月の文化祭に参加してからは一切登校することがなくなった。

指導目標の設定　**Lくんが学校に少しでも興味をもてるように、遠隔で（タブレットPCによるビデオ通話を通して）学校の情報を受け取れる環境を作り、意欲が芽生えた機会を逃さずに、学級活動や授業へ参加できるようにする。**

目標  学校や友だちに関心をもてるようにする

目標  学習できる時間を保障し、やり取りする力をつける

目標1 学校や友だちに関心をもてるようにする

STEP 1 学校に気持ちを向ける

中学部１年の１月に、保護者から「学校に全く気持ちが向いていない」と告げられた。Lくんに登校を促すためには、まずは気持ちを学校に向けてもらえるような情報発信が必要だと感じた。

指導のポイント

- 学校の様子を見て知ることで、つながることができるようにする。
- 遠隔（自宅）でも顔を見ながらやり取りができるようにする。

実際に使ったのはコレ！

アプリ FaceTime
デベロッパ：Apple
・ビデオ通話アプリ

子どもの様子

ビデオ通話アプリ「FaceTime」を活用し、学級の生徒と触れ合う時間をもつことをLくんに提案したところ、興味をもってくれた。

週1回程度、学級活動の時間に、Lくんのスマートフォンと「FaceTime」で近況報告をした。学級の友だちに興味を示したり、自分の好きなコレクションの話をしたりして楽しんでいる様子が見られた。

「次はいつ？」と聞いたり、興味がある活動のときには「ぼくもやりたい」と言ったりするようになった。

STEP 2 学習活動への参加を促すタイミングを見極める

指導のポイント

ICTでのやり取りに慣れてきたころ、同じ手段を使って活用の場を広げよう！

子どもの様子

遠隔でのやり取りが定着してきたころ、より大きな画面で「FaceTime」を使えるようにするために、スマートフォンで手元のタブレットPCを映してもらいながら、タブレットPCの設定を行った。

このときのやり取りから、登校できない場合には、同じようにして学習ができるのではないかと感じた。そこで年度末の保護者面談のときに、次年度から登校できないときは、授業（生活単元学習や教科学習など）にも遠隔で参加してもらえるよう提案し、承諾を得た。

読み・書き
生活
コミュニケーション

目標2 学習できる時間を保障し、やり取りする力をつける

STEP 3 授業に参加し、集団での活動に慣れる

学級の生徒との集団活動を経験する機会を設けるため、日常生活の指導や生活単元学習、総合的な学習の時間など、授業での話し合い活動の場面で「FaceTime」を活用した。

指導のポイント

- 一方的なコミュニケーションから、双方向的なコミュニケーションへと促す。
- 友だちとのやり取りでうまくいかなかった場合には、落ち着いてから個別に機会を設け、うまくいかなった理由を説明し、納得してもらう。

子どもの様子

はじめは自分が話したいあまりほかの人の話を遮ってしまい、注意を受けると腹を立てて接続を切ることが多かった。しかし落ち着いてから注意を受けた理由を説明することを繰り返すと、受け入れることができるようになり、腹を立てることが減少した。

また、日常的につながりをもつことで、Lくんは担任や学級の生徒とのコミュニケーションを楽しみにするようになり、友だちのよい部分について発表できるようにもなった（写真1）。

〈写真1〉 遠隔で学部集会へ参加

STEP 4 個別に教科の学習に取り組む

双方向で書き込みができるアプリを活用することで、プリントやノートの共有を試みた。家庭にいながらも担任と教科学習ができることをねらった。

指導のポイント

プリントやノートを共有できると、一緒に学習している感覚を得やすい。

実際に使ったのはコレ！

アプリ Microsoft OneNote
デベロッパ：Microsoft Corporation

- 簡単な計算プリントをデータで共有し、それを中心に授業を行った。

子どもの様子
～数学（計算プリント）～

数字で計算プリント（データ）を渡したところ、Lくんは、間違うことが嫌でなかなか取り組んでくれなかった。しかし計算機の使用を認め、担任と一緒に取り組むようにすると、少しずつプリント学習ができるようになった。

指導のポイント

数の増減を視覚的に把握し、暗算ができるようする。

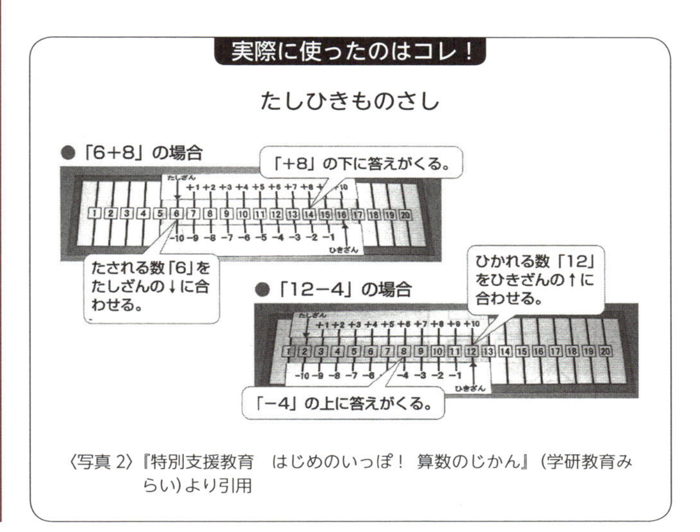

〈写真 2〉『特別支援教育　はじめのいっぽ！ 算数のじかん』（学研教育みらい）より引用

子どもの様子
～暗算～

Lくんは、「1+1」などの簡単な計算でも計算機を使う様子が見られた。そこで学習に慣れてきたころ、「たしひきものさし」を使用した（写真2）。すると間違えずに解くことができ、自信がついたのか、安心して計算問題に取り組むことができるようになった。

指導のポイント

成功体験により、苦手な学習（書字）への抵抗感を和らげる

子どもの様子 ～国語（手書きで名前を書く）～

Lくんは、文字をバランスよく書くことができないために、書くことを嫌がる様子が見られた。そこで、一画ずつ書き順を提示し、バランスに注意するよう促しながら一緒に書くようにすると、苦手だった文字（「あ」「め」「ぬ」など）を書くことができた。

漢字を書くことにさらに抵抗感のあるLくんが漢字を書いていると意識しないですむように、画面を拡大し、自分の名前の漢字を一画ずつ書かせた。すべて書き終えたあとに画面を縮小して見せ、自分の名前が漢字で書かれてあるのがわかるようにした（写真3）。

漢字の練習をしようと話したときにはものすごく抵抗していたが、一度書くことができるようになって自信をつけたのか、その後は何度も書いて自慢するようになった。

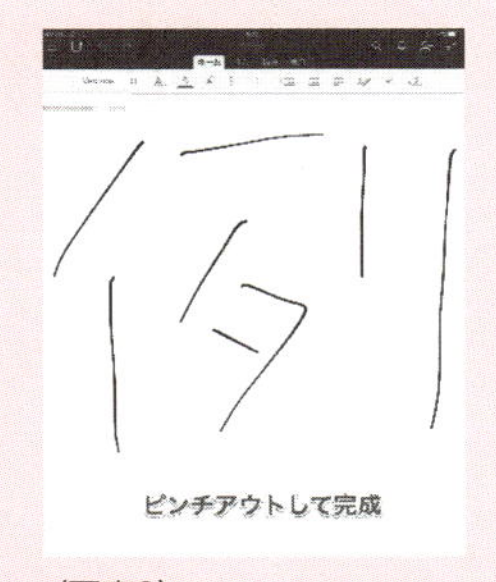

〈写真3〉
画面を拡大して一画ずつ書き終えたあと、漢字全体を見せる

STEP 5 テキスト入力で表出する力をつける

Lくんはひらがなや名前を書けるようになったが、文字を書くことの困難さがなくなったわけではない。そこでLくんがテキスト入力によって文字で伝えられるようになることをねらい、お気に入りの物を友だちに写真つきで紹介するよう提案した。

指導のポイント

テキスト入力ができ、写真で情報を補えることで、書く負担を減らし、伝える機会を日常的に増やす。

実際に使ったのはコレ！

アプリ Skitch
デベロッパ：Evernote
・撮った写真に書き込みができる。

子どもの様子

Lくんは自分の趣味であるミニカーのコレクションについて友だちに話したい気持ちが強かったので、ミニカーを写真に撮り、アプリ「Skitch」を使って写真の上に文字を入力することができるようになった（写真4）。

〈写真4〉
自慢のコレクションを写真と文字で紹介

指導のポイント

やり取りに慣れてきたら、やり取りの手段と機会をさらに増やすとよい。

実際に使ったのはコレ！

アプリ LINE
デベロッパ：LINE Corporation

子どもの様子 ～写真絵日記をかく～

テキスト入力でもっと伝える力をつけられるようにと、アプリを使って夏休みの宿題の「絵日記」を作成しようと提案したが、Lくんは全く興味を示さなかった。

そこで、出かけたときの様子を写真に撮り、「LINE」で担任に送信するだけでよいことにした。はじめは報告だけだったが、感想などを添えて送信してくるようになった（写真5）。

「LINE」を活用した写真つきのやり取りは、作業としては絵日記アプリと似ているが、すぐに返信があることや自分の気持ちを絵文字などで簡単に表現できるため、Lくんは、意欲的に取り組めたようだ。

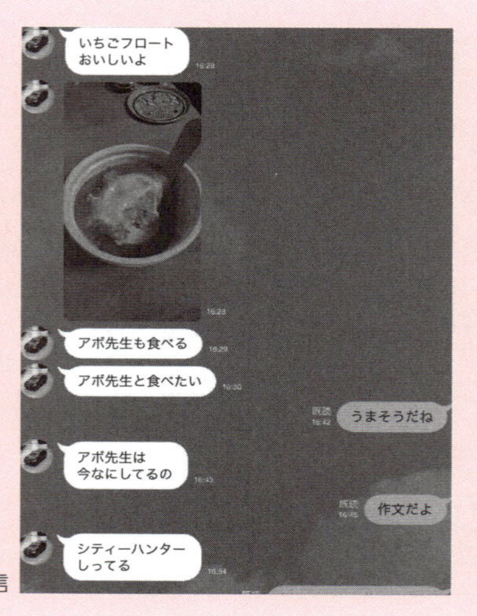

〈写真5〉出かけたときの様子を写真に撮り、「LINE」で担任に送信

実践を振り返って ～学びと学校へ向かい合うために～

〈図〉に示すように、遠隔授業をはじめた２年前と比べて、実際の登校日数は増えてはいない。しかし遠隔授業を出席日数にカウントすると、前年度の5.5倍に増加していた。遠隔授業により、Lくんはようやく学校生活のスタートラインに立つことができたのだと思う。

また、担任との「LINE」のやり取りの内容からも、相手のことをもっと知りたい、自分のことをもっと知ってほしいという気持ちに変化したことがわかる。自分から担任宛に手書きの年賀状を送ってきてくれたことからも、担任や学校がLくんにとっての「居場所」になったと考えられる（写真6）。

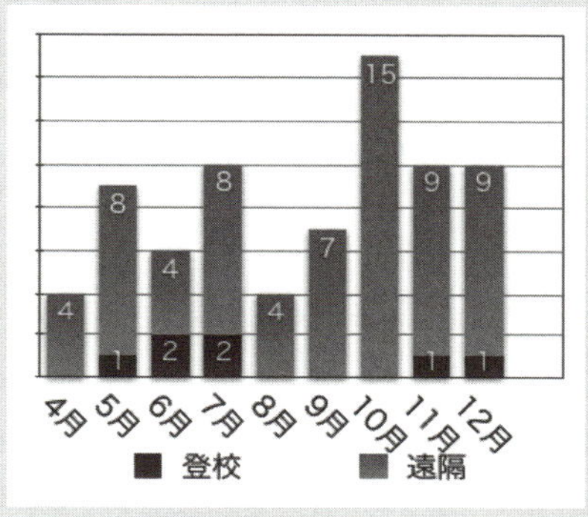

〈図〉出席状況の変化

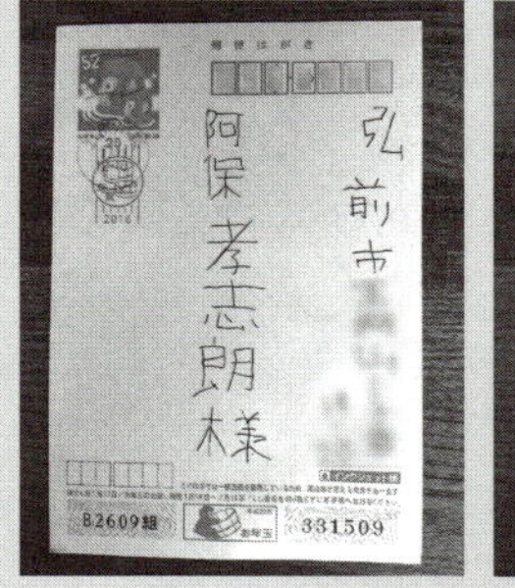

〈写真6〉手書きの年賀状

現在高等部に進学したLくんは、毎日遠隔ですべての授業を受けている。集団の授業への参加もさらに増え、たくさんの人と触れ合うことができるようになった。その中で少しずつ卒業後の進路に向けて学習しているそうだ。これからもLくんの学び方で、もっともっと成長していってほしいと願っている。

読み・書き
生活
コミュニケーション

⑫ 院内学級での現場体験実習と就労

病弱特別支援学校　脊髄性筋萎縮症Ⅱ型　院内学級　高等部　現場経験実習　インターネット将棋対戦　就労　車いす

実践者●近藤創
香川県立高松養護学校
元・香川県立善通寺養護学校

子どもの実態　病院内のベッドで大半を過ごすMくん

Mくんは、小学部のとき、地元の学校から本校（特別支援学校）に転校し、隣接する医療センターで入院生活を送っていた。

やさしい性格で周囲からの信頼が厚く、学習面も優秀で、コツコツと取り組むことができる。

趣味は将棋である。教師や友人との試合のほか、インターネットを使った将棋対戦や詰将棋などで実力をつけ、県の大会で入賞したこともある。

脊髄性筋萎縮症Ⅱ型により、筋力の低下があるため、移動には電動車いすを利用している。体調により酸素吸入が必要で、長時間の車いすでの移動は負担が大きく、病院内のベッドの上で１日の大半を過ごすようになっていた。

高等部では、生徒の社会参加や卒業後の進路につながることを目的として現場体験実習を行っている。しかし、院内学級の生徒は、医療、治療が優先であり、また行える実習がないことから、それまで現場体験実習は実施されていなかった。

Mくんが高等部2年のとき、進路について聞くと、「卒業後はできれば仕事をしたい」「社会との接点をもち続けたい」という希望があった。

そこで、環境を整え、院内学級のベッドの上でも可能な仕事が見つかれば、現場体験実習ができるのではないか、就職につながるのではないかと考えた。

指導目標の設定

目標 1　現状で可能な職場体験実習を行う

目標 2　現場体験実習を生かし、就職する

現状で可能な職場体験実習を行う

STEP 1 本人に適している仕事を想定する

指導のポイント

本人が得意なこと・できること、できそうなこと、苦手なことを整理する。

子どもの様子

Mくんと話し合いながら、自分に合った仕事のイメージを高めていった。

●得意なこと・できること

・人との基本的なコミュニケーション能力
・パソコンの基本操作のスキル
・メールや携帯電話の使用

●できそうなこと

・社会人としてのコミュニケーションスキル（会話、メールなど）
・パソコンのオフィスソフトの利用

●苦手なこと

・長時間の労働
・身体の大きな動きを必要とする活動

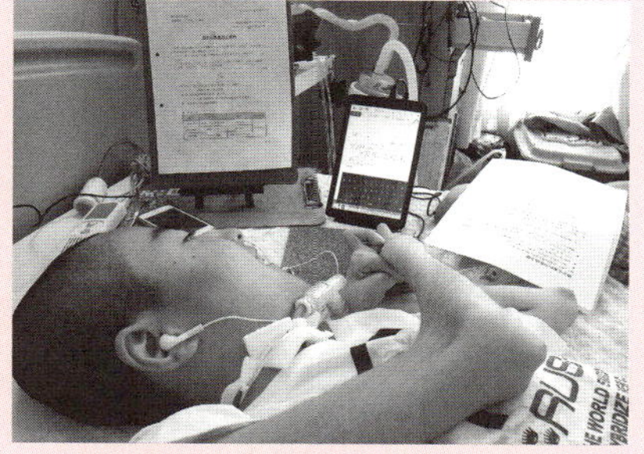

〈写真1〉

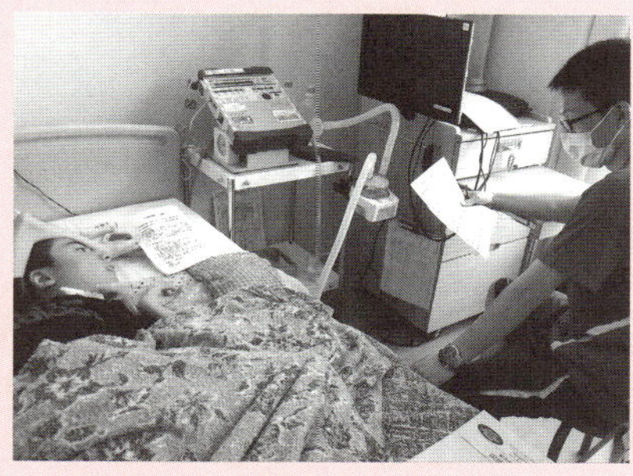

〈写真2〉

Mくんには、〈写真1・2〉のように、ベッドの上でパソコンを利用して、労働時間も体力に合わせて調節することができる在宅ワークが適切であるという判断をMくんと共にした。

STEP 2 実習先を決定し、実習に向けて環境を整える

指導のポイント

本人が得意なスキルを生かせると共に、現場体験実習先の要望に応えられるかどうかを確認する。

実際に使ったのはコレ！

携帯電話
Windowsパソコン（オフィスソフト）
Windowsタブレット
モバイルWi-Fiルーター

子どもの様子

①実習先を探す

県内のほかの特別支援学校とのネットワークを利用して、重度肢体障害者の在宅勤務雇用を行っている会社に相談した。

②仕事の環境を整える

O社と打ち合わせをしたところ、現場体験実習に必要な環境（職場が求める環境）は、次の通りであった。

・携帯電話が使用できる
→本人がスマートフォンを以前から使用していたので、それを利用した。

・Windowsパソコンとオフィスソフトを使用する

・Windowsパソコンでメールのやり取りをすることができる
→Windowsタブレットをレンタルした。

・パソコンがインターネットにつながっている
→モバイルWi-Fiルーターを使用した。

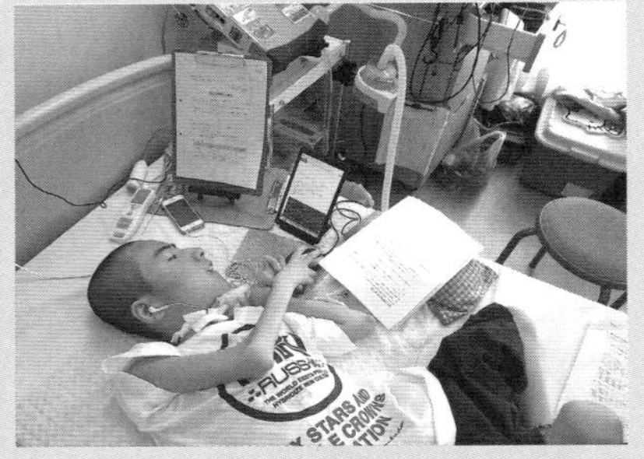

〈写真3〉

③Mくんの実態に合った仕事の環境を整える（写真3）

・ベッドの上で安全に仕事ができるようにする
→使用したWindowsタブレットは8インチととても小さく、Mくんがベッドの上という限られたスペースに安全に置いて利用するのにとても有効であった。

・Mくんが疲れにくいようにする
→Mくんが疲れにくい入力装置や入力方法を探ることにした（写真4）。
キーボードは、指を持ち上げる必要があるため、負担が大きい。タッチパネルも同じ理由で、負担が大きいため、長時間使用することは難しかった。
そこで、タッチパッドやシリコーン製の柔らかいキーボードを試用してみたが、手首を空中で保持する必要性は変わらず、疲れがたまりやすいために実用的ではなかった。
結果として、Mくんが一番スムーズで負担が少なかったのは、マウスとソフトキーボードで入力する方法だった。

〈写真4〉

STEP 3 実際に職場体験実習を行う

子どもの様子

●実施期間

前期　6月8日～10日　午前 10：30～12：00／午後 13：30～15：00

後期　11月11日～13日　午前 10：30～12：00／午後 13：30～15：00

●仕事内容

上司とメッセージのやり取りをしながら、エクセル（写真5）やワード（写真6）を使用して依頼された文章を作成する。

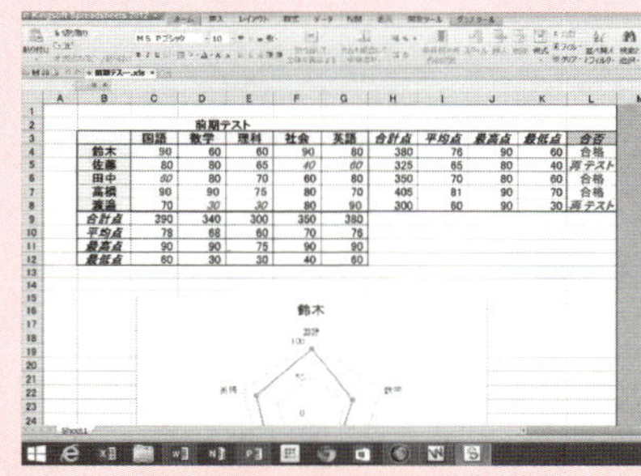

〈写真5〉作成したエクセル

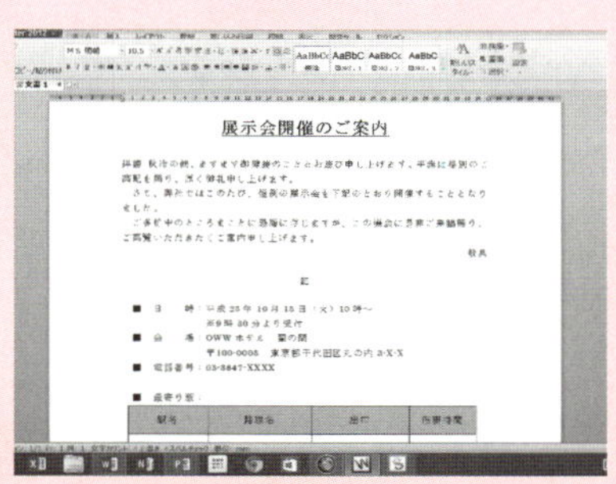

〈写真6〉作成したワード

●実施の成果

・難しい課題でも真摯に取り組み、企業の上司から高い評価を受けることができ、次年度の実習も行えるようになった。

・パソコンのスキルを仕事をしながら高めることができ、ホームページ作成など新しい取り組みに挑戦できるようになった。

・社会人として外部の人と接する機会はなかったため緊張し、疲れから体調を崩すことがあったが、実習の回数を重ねるうちに、人との会話にも慣れ、過度に緊張することが減っていった。

目標2 現場体験実習を生かし、就職する

STEP 4 現場体験実習をもとに仕事につながる道筋を立てる

指導のポイント

現場体験実習を実施しての課題を洗い出し、それを解消する施策を考える。

子どもの様子

●実施しての課題

・言葉づかいが未熟な部分が見られた。
・マウスのボタンが固く、2時間の仕事の間中クリックをすると、負担が大きすぎることがわかった。

●課題を解消する

・言葉づかいに関しては普段の授業で練習することで、仕事をするうえでふさわしいコミュニケーションができるようになった。
・入力するマウスは、学校にあるさまざまな種類のものを多数用意し、実際に試用して本人が一番楽に使える物を選択することにした。

〈写真7〉

実習で、体力面、技能・スキル面、コミュニケーション面などそれぞれ課題は見つかった。しかし学校で十分に対応できる課題であり、卒業後、就職をして、仕事をやっていけそうだという卒業後の進路について具体的な道筋を描くことができるようになり、前向きに日々の高校生活に取り組むようになった（写真7）。

実践を振り返って ～自宅で仕事をし、社会とつながるMくん～

Mくんは、卒業後、医療センターを退院し、自宅で生活をしている。

職場体験実習でお世話になった企業に就職をすることができ、現在社会人1年生として活躍している。就職に際しては、愛媛県のジョブサポートに協力してもらい、自宅を職場にできるように環境を整えた。

私とは、お互いがSNSを利用することで、現在も友だちとしてつながっている。日々の話や仕事の話をしたり、機器などで困ったときに助けを求めたりなど離れていても支え合うことができている。

【社会人になってのエピソード】

・仕事に関しては、難しかったり失敗したりすることもあるが、先輩や上司が新人のときこそ失敗すべきと励ましてくれ、頑張って勉強している最中だそうである。
・体調的にしんどいときは、自分でシフトを調整して疲れすぎないように取り組めている。
・同期入社の友人とネット回線を通じて交流をし、同じ立場の仲間と楽しいことや悩みなど話すことができている。Mくんが主体となって同期会を立ち上げるなど、社会人生活を満喫している。
・仕事で稼いだ給料を使って家族に豪華な食事をごちそうしたそうである。

実践を振り返ると、Mくんから「社会とつながりたい」という卒業後の願いを聞いたとき、私自身がMくんだったらと考えたことを思い出す。

生活全般に介助を必要とするため、与えられる、支えられることがほとんどの生活。いつもありがとうと感謝する生活。それはつながりというには一方的で少し寂しいと思った。「Mくんにはできることがあるはずだ、何を実現すればいい?」、その思いから始まった実践だった。

「院内学級では職場体験実習をしない」という常識を機器を利用し社会と話し合うことで打ち破ると、Mくんは、もちまえの才能をさらに磨き、社会に求められる人へと成長していった。

常識は時代と共に変えていける。子どもたちはもっと願いを叶えることができるはずだ。

⑬ 肢体不自由のある高等部生徒の大学受験とその後の支援

肢体不自由特別支援学校　高等部女子　大学進学　大学生活　支援の引き継ぎ　配慮申請　受験　ノートテイク

実践者●澤岻圭祐
沖縄県立泡瀬特別支援学校
元・沖縄県立鏡が丘特別支援学校

子どもの実態　**必要な配慮申請をして大学受験をしたいNさん**

Nさんは脳性まひがあり、本校（特別支援学校）に高等部から入学してきた。四肢にまひがあるため書字（書字速度は約4文字／分）や教科書のページめくりなどの学習動作に著しい困りがあり、授業では学習支援員が常にそばにいて支援を行っていた。小・中学校は地域の学校に通っており、高校進学のときには地域の普通高校を受験している。しかし、Nさんが高校を受験したころは「合理的配慮」などが話題に上りはじめたばかりであり、Nさんは試験時に必要な配慮を受けることができず、普通高校への進学が叶わなかった。

高等部入学後のNさんの理想像は「大学に進学し、卒業後は福祉関係の道に進みたい」というものであった。

指導目標の設定

目標1　**必要に応じてICTを活用することで、学習面で本来の力を発揮できる**

目標2　**一人では困難なことや支援してほしいことを周囲の人に依頼しながら調整していくことができる**

必要に応じてICTを活用することで、学習面で本来の力を発揮できる

ICTを活用しながら学習に自分で取り組めるように環境を整え、普段の授業の中で役に立つものだと実感できるようにしたいと考えた。

STEP 1 学習で使用するプリントや教科書をパソコン上で確認し、一人で作業する

指導のポイント

PDFを編集することができ、線を引いたり、書き込んだりすることができるアプリを使用する。

実際に使ったのはコレ！

アプリ UPAD
デベロッパ：PockeySoft

子どもの様子

入学直後から「Nさんに適した環境整備」について取り組みを進めることにし、その一環としてICT機器を活用した学習も提案したが、それまでほとんど経験がなく、あまり乗り気ではなかった。「（ICTを使わなくても）自分でできる」「頑張ればできるようになる」「これまでと違った勉強をすることは不安」といった考えがあったようである。

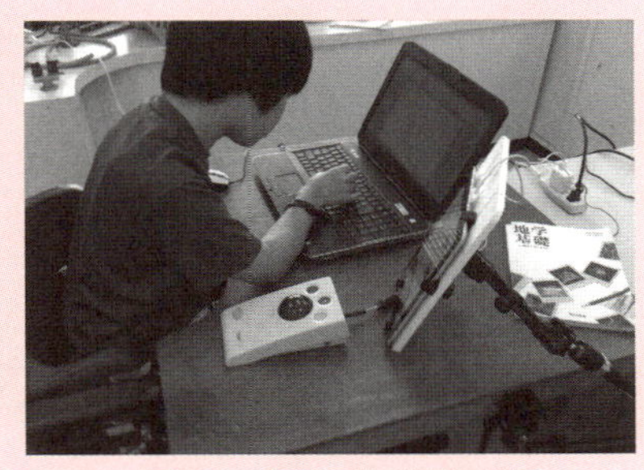

〈写真1〉ICT導入後の学習の様子

ICTの環境を整えられない状態がしばらく続いたが、高等部2年から、教科書とプリントを次のような形式で提供することにした。

①タブレットPCに教科書を取り込み、自分でページを進めたり書き込んだりできるようにした。
②授業で活用していた紙のプリントからノートパソコン上で記入する形に変更した。

筆者の担当する教科から取り入れ始め、ほとんどの教科で整備することができた。すると、本人や周りの人から次のような感想をもらうようになった。

教師から 教師の支援が減ったこと、学習の進度がアップし、問題を解くなどで内容を深めることができるようになった。

生徒から 教科書をタブレットPCに取り込んだことで「先生の手があくのを待たなくていいから時間を有効に使える」（写真1）。

家庭から 家庭学習は、これまでは母親がいなければ難しかったが、最初のセッティングさえ行えば、一人でも行うことができるようになった。

読み・書き
生活
コミュニケーション

STEP 2 大学受験の配慮申請を視野に入れて模擬試験を行う

高校受験時の苦い経験を踏まえると、Nさんが大学進学を目指すうえで最も必要になるのは試験時の環境調整であった。

具体的にどのような配慮が必要かを把握するため、通常の試験方法（紙媒体の問題用紙と答案）と配慮した方法（①問題用紙はタブレットPCに取り込み、解答はパソコンで行う　②時間を延長　③数学に関しては計算と解答の操作があるため解答は職員が行う）で、模擬試験に取り組んだ。

指導のポイント

受験で本当に必要とされる支援・環境を具体的に洗い出し、配慮申請する内容を精査する。

子どもの様子

模擬試験3教科を行った結果と配慮の内容は、〈表〉の通りである。どの教科も配慮がある場合には点数が上がっている。特に英語と国語に関しては10点以上増加しており、全国平均と同レベルの点数を取ることができた。

その要因として、タブレットPCを活用したことで「問題の見直し」がしやすくなったことがあげられる。模試終了後の「人にお願いしているときには『戻りたいページの番号が間違っていたらどうしよう』『なんて思われるのかな』と遠慮してしまって、戻ったりすることができなかった」という感想にも表れていた。

同様の方法で、別の模擬試験も実施したが、そのいずれの場合にも制限時間内にすべての問題について解答することができている。高校入試時にはすべての問題に目を通すことができず、確かめなどもできなかったということと比較しても、彼女に対してはICT機器の活用などが有効であったと考えることができる。

また、その後の指導を進めるうえで、彼女の実力（理解できている部分とできていない部分）を正確に捉えることができたことも大きなメリットだった。

	英語	数学	国語	合計
配慮なし	29.0	46.0	53.0	128.0
配慮あり	43.0	49.0	63.0	155.0
全国平均	40.9	57.9	64.8	163.6

●問題用紙はタブレットPCに取り込む。
●解答はPC
●時間延長
英語：通常時間の1.3倍
数学：通常時間の2.2倍、解答は代筆
国語：通常時間の1.3倍、漢字だけ手書き

〈表〉手だての変化による試験結果の比較

目標2　一人では困難なことや支援してほしいことを周囲の人に依頼しながら調整していくことができる

今後、大学生活や社会生活では、地域社会や集団の中で、周囲の人に協力してもらいながら、必要に応じて自分の環境を整え、もてる力を発揮できるようにしていかなくてはならない。大学受験の配慮申請などの手続きを本人と共に行うことで、それらの力をつける第一歩としたいと考えた。

STEP 3　本人と相談しながら大学受験での配慮申請を行う ▶

指導のポイント

配慮申請書を作成し、志望大学に対して申請をする場合には、それまでの取り組み（支援内容やその支援を受けたときの様子）をもとに具体的に伝える必要がある。

【志望大学との調整】＊下記のような流れで複数回に分けて行った。

1. 配慮申請についての流れや日程の確認（前年度）
2. 申請（～6月）
3. 配慮申請書および診断書の作成と提出
4. 申請結果の通達
5. 大学からの出願書類の提供
6. 出願書類の作成・提出

【受験当日の配慮内容】＊AO入試出願に向けて、生徒本人の意向をもとに整理した。

1. 車いすのため身体障害者用トイレの使用および試験会場の配置
2. ほかの受験生と同様の休憩時間の確保
3. 記入などでのパソコンの使用

子どもの様子

大学側に丁寧に対応してもらい、AO入試ではNさんの望む配慮を得ることができた。

また、高等部では担任をはじめ、進路指導部や管理職も協力して電子メールでの論文添削なども行いながら受験対策を行った。

Nさんの努力の甲斐もあり、合格を果たした。

STEP 4 大学入学に向けた事前の打ち合わせと支援の工夫

スムーズに大学生活に移行できるように、大学入学後の学習環境などについて大学関係者（学科長、福祉・ボランティア支援室など）と保護者、本校職員（担任、進路指導部など）を交え、ケース会議を行った。

指導のポイント

高等部卒業までの期間、移行のための支援として何が必要かを知るために、実際に大学の講義を入学前に体験する。事前に、確認しておきたい事項を明確にしておきたい。

子どもの様子

大学の講義を2日間で合計5コマ受講し、以下の内容を確認することを目的とした。

① 講義室などの大学の設備
② 講義内容（スピードなど）
③ 大学が障害のある学生に現在提供している支援の内容
④ 高等部での取り組みが大学の講義でも有効か
⑤ 高等部卒業までの期間、移行のための支援として何が必要か

実際に授業体験をしてみると、課題が浮き彫りになってきた。Nさんが入学する大学は学生ボランティアを募って、障害のある学生に対して、講義のノートテイクを行う「代筆サポート」を行っている。Nさんも授業体験で利用した（写真2）。

講義のスピードも時間も高等部よりも大幅にアップするため、Nさんがすべてをメモしたり記録したりすることは難しく、代筆サポートはとても有効なのだが、書いたものが紙面だとNさんは読み返すときに活用しづらい。そこで手書きのノートをPDFに変換するアプリを活用することにした。

〈写真2〉授業体験の様子（代筆サポート利用）。手前が代筆サポーターで、奥がNさん

このように、授業体験の経験をもとに、大学での講義では、
①代筆サポートを利用する
②必要に応じてカメラアプリを利用してメモを取る
③レポートやテストについてはできる限りパソコンを活用する
ことにし、高等部で準備を進めた。

指導のポイント

大学で受けられる支援に合わせて、高等部在学中に手段を軌道修正しておく。

実際に使ったのはコレ！

アプリ SHOT NOTE
デベロッパ：KING JIM CO., LTD.

・専用のノートなどを専用のアプリで撮影すると、自動で余白などをカットし、PDFに変換する。

実践を振り返って ～地域社会に羽ばたき自分自身を高めていくための大学生活～

大学に入学後、Nさんは高等部時代の環境をベースにしながら、活用する機器や手段を工夫し、場面によっては使い分けるようになった。例えば、講義の中でも代筆サポーターがいるときといないときで使うアプリや機能が異なる、レポートや課題を行うときはパソコン、手軽に使いたいときにはタブレットPCを使用するなどである。

高等部入学直後はＩＣＴを使うことに抵抗感を示していた彼女が、大学進学後に「今は講義の進むスピードも速いし、課題も多いから書いていたら無理。ＩＣＴが無かったら大変」と明るい笑顔で話した。この変化の理由をNさんは「特別支援学校高等部での取り組みが大きい」と言った。実際、同じ大学に普通高校から進学してきた障害のある学生の中で、支援機器を活用していたのはNさんだけで、彼女の使い方をまねしている人もいるようだ。

また、大学で大勢の同級生と学ぶ中で、Nさんの学び方も変化している。入学して半年くらいたったころ、Nさんは同級生とお互いにクイズのように問題を出しながら勉強をしているときに「私は単語など覚えるものについては声に出すと覚えやすい」ということに気づいたそうだ。実際、前期の英語Ⅰでは単位を落としてしまったが、後記の英語Ⅱではこの方法を勉強に取り入れたことで、単位を取ることができたという。

ときと場合によって必要な支援や受けられる支援は絶えず変化する。大事なことはそのような場面に応じた使い分けができること、柔軟に必要な支援の形を変えていけることだと彼女の事例からあらためて感じた。

今、Nさんは一度失った自信を取り戻し、大学生活を送っている。周囲をうまく巻き込みながら社会で羽ばたいていけるよう、これからも応援していきたい。

⑭ 実体験を伴う交通安全の学習で外出のスキルを身につける

特別支援学校　聴覚障害　知的障害　交通安全　自閉症　安全指導　外出スキル

実践者●高野嘉裕　大分県立日田支援学校

音の聞き分けが難しく、危険を察知できないOくん

Oくんは聾学校（聴覚支援学校）から特別支援学校に転入してきた生徒で、聴覚障害・知的障害・自閉症を併せもつ。言葉の聞き取りや必要な音だけに対して注意を向けることが難しく、すべての音が環境音として認識されている。

当時の勤務校のグラウンドは学校の前の道を挟んだ向かい側にあり、グラウンドに行くには道路を横断する必要があった。そこで気になったのが、左右を確認せずに道路を横断する姿であった。また、道路を歩く際に、端から２～３ｍほど離れて歩く姿も見られた。教師や支援者が一緒にいる環境では無事に過ごせても、将来的に考えれば、「危険と安全」ということの理解を進める必要があると考えた。

従来の授業であれば、画像やビデオを用いての学習を教室で行い、その後、実際の道路に行き復習や確認を行うであろう。しかし、この学習と実践の間にある時間が学習の深まりを妨げる気がしていた。そこで、実際の道路上において、画像や動画などを活用しながら、本人の理解が進んでいくようにしたいと考えた。

また、Oくんの在籍するクラスの実態として、経験不足や自信の喪失により、新しい取り組みや学習に参加することに抵抗を示す生徒が多く見られた。

指導目標の設定

目標１　危険と安全について、実体験をもって本人に理解させる

目標２　クラスが校外へ行き、活動を楽しめるスキルを身につける

目標1 危険と安全について、実体験をもって本人に理解させる

STEP 1 横断歩道の渡り方や道路の歩き方について学習する

指導のポイント

- タブレットPCを用い、実際に道路を横断する「本人目線の動画」を教師が撮ったものを教材とする。
- 教室や実際に道路の上で教材と同じ風景を見ながら子どもと一緒に支援を考える。

実際に使ったのはコレ！

アプリ Keynote
デベロッパ：Apple

子どもの様子

アプリ「Keynote」で教材を作成し、取り組みを進めた（写真1）。

第一段階として、横断歩道の渡り方や道路の歩き方についての学習をした。ここでは本人目線での動画を用いて、「その場面で自分がどのようにするのがいいのか？」と考え、行動を選択して学習できるようにした。

視覚的な教材と即時的な学習により、横断歩道や道路上における歩行は安全になってきたと感じていた。そんなある日、家庭での散歩中にOくんは、見通しの悪い交差点で車との接触事故に遭った。このことからOくんの実態をあらためて考えてみた。

「なぜ接触したのか？」「原因は？」

そこには危険を感じることに対しての経験不足、音から情報を得るということの難しさがあった。普段、何気なく頼っている「音」という情報について、その大切さや重要性を感じ、Oくんに違う手段でさらに身を守るスキルを身につけてもらいたいと考えた。

〈写真1〉
アプリ「Keynote」で教材を作成し、取り組む

STEP 2 危険を予測する力をつける

指導のポイント

困難さの本質（危険を感じることへの経験不足、音から情報を得ることへの難しさ）へのアプローチを考える。

子どもの様子

これまでは、Oくんがその場に立ってから安全を確認する学習であったものを、次段階として自分が進む道を見たときに、危険な場所を予測できるようになってもらいたいと考えた。やはり学校周辺の実際の道路を歩きながら、本人が車などの飛び出しがあることを認識し、その危険に対する対処法を考える取り組みを始めた。

STEP1の指導との違いは、本人目線の動画にイラストを加え（写真2）、危険箇所を視覚的に強調して示したり、立つ場所によって危険度が増すことを動画で比較したりできるようにしたことである（写真3）。

学習を行いながら、新たな課題が見えてきたときに、そのつど教材を更新し、学習の幅を広げていくことができるというのも、このような加工・修整がしやすい動画や写真の教材の強みだと感じた。

〈写真2〉危険箇所を視覚的に提示

〈写真3〉立ち位置の違いも示して

STEP 3 危険を予測する力が身につき、般化できているかの確認を行う

指導のポイント

未学習の場所で危険を一人で予測できるかをチェックする。

子どもの様子

一つの力を身につけては、新しい課題に取り組んできたOくんに対して、最後に検証を行ってみた。これまでに学習で使用したことのない道を歩き「危ない場所を写真に撮る」という取り組みをした（写真4）。

すると、教師が危険と判断していた箇所は11か所、Oくんが撮影したのはそのうち10か所であった。撮影しなかったところについては、確かに車の出入りは予想されるが、常にフェンスが閉まっている場所であった。

この検証結果から、これまでの学習が本人の力となっていることがわかった。

教師が危険と考えた箇所	11
Oさんが撮影した箇所	10

本人が撮影しなかった1か所は、常に門が閉まっている場所だった

〈写真4〉屋外で画像や動画を使って確認

クラスが校外へ行き、活動を楽しめるスキルを身につける

STEP 4 鉄道を利用して買い物に行くために必要なスキルを身につける ▶

指導のポイント

タッチパネル式の券売機を模したものを自作し、教室で購入の練習を行う。

実際に使ったのはコレ！

アプリ Microsoft PowerPoint
デベロッパ：Microsoft Corporation

アプリ Keynote　デベロッパ：Apple

子どもの様子

クラスで校外に、学校の近くの駅から鉄道を利用して出かけることになった。子どもたちは、普段の外出は保護者の送迎などによる移動が多く、列車の利用などは少なかったが、将来的に考えても列車の利用というスキルは身につけておいてもらいたいと考えていた。

しかし、それはその駅の切符券売機がタッチパネル式の券売機に更新されて間もないころのことであった。生徒のほとんどはタッチパネル式の券売機で切符を買った経験はなく、またそれを学習のためといって、駅で繰り返し練習するということも難しい。

それなら、同じタッチパネルという性能をもつタブレットPCを活用して、切符購入の学習ができるのではないかと考えた。実際の券売機を見学に行き、各画面や画面推移を記録して、学校で模擬券売機を作成した。より細かく作り込むことを大切にしたため、発券機の画面を購入手順に従い示すようにPowerPointでスライドを作成して、それをアプリ「Keynote」へ入れてタブレットPCで再生できるようにした。

また、画面だけの券売機もなんとなく味気なく感じたことから、段ボールを用いて券売機のボディも製作した（写真5）。

〈写真5〉発券機のボディは各地の券売機に合わせて

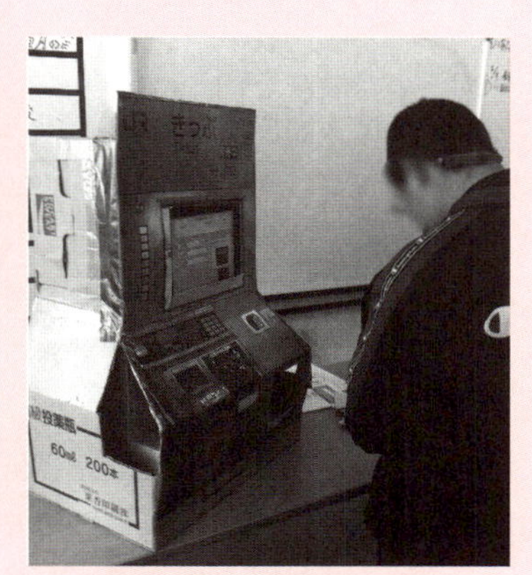

〈写真6〉模擬券売機を使って学習

自作の発券機は、学校内で繰り返しの練習が可能であることに加え、実際に画面が動くという魅力に生徒は楽しみながら学習を行った（写真6）。

外出当日は、タブレットPCだけを持ち出し、現地で確認できるようにした（写真7）。このころになると、生徒たちは券売機の操作についても上達しており、確認が必要な生徒に使うのみであった（写真8）。

実際の生活に必要な力を学ぶための教材を、教室に持ち込むことができた事例である。

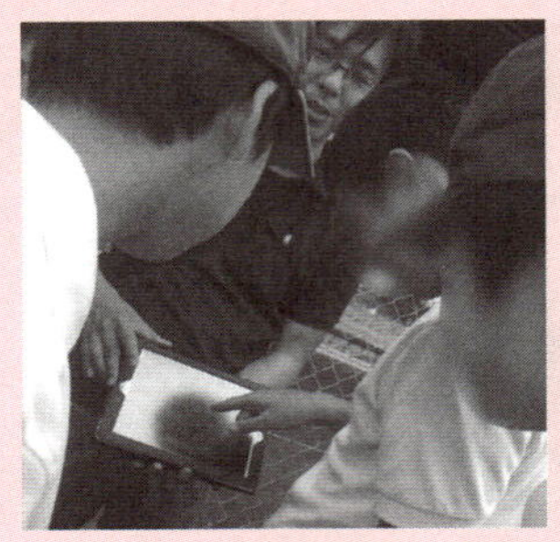

〈写真7〉現地でもタブレットPCを使って確認

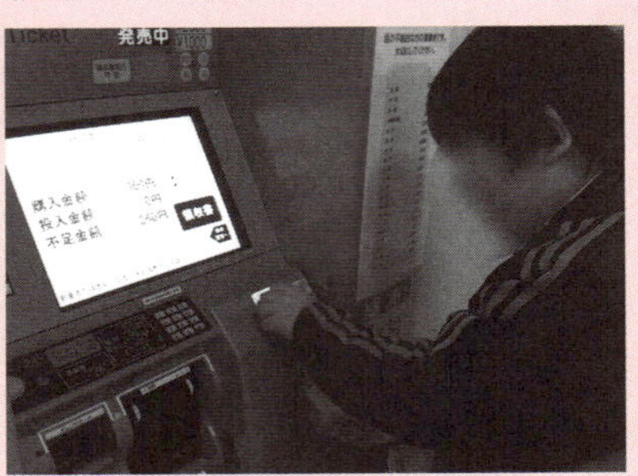

〈写真8〉実際の購入の様子

STEP 5 修学旅行先で、目的に合わせて歩くことができるようにする

指導のポイント

電子版のしおりを作成・活用する。

実際に使ったのはコレ！

アプリ iBooks Author　デベロッパ：Apple

・電子書籍を作成することができる。
・パソコンで作成しなければならないが、作成した物はiPadなどで見ることができる。

子どもの様子

前述したOくんは、その後、タブレットPCを常に持ち歩くようになり、タブレットPCは、Oくんにとってコミュニケーションや見通しのためにも必要なツールとなっていた。そこで、タブレットPCの中に「修学旅行のしおり」を入れ込むことはできないかと考えた。視覚的に多くの支援を要するOくんに使いやすく、学習の振り返り・確認ができるものとして、しおりを位置づけたいと考えた。

そこで使用したのが、アプリ「iBooks Author」である。これにより、しおりを電子化し、しおりの中に、学習で使用したスライド、券売機のデータ、写真、動画などを含めた（写真9）。

〈写真9〉電子化したしおりを使って目的の場所へ

自分でアプリを開き、自分で電子版のしおりを確認する。これらの動作から、自分で必要な情報を得たり、便利なものと感じたりすることで、タブレットPCは自分の力を発揮してくれるツールであるということをより強く意識するようになったようである。

別の機会に、脳性まひ・知的障害を併せもつ子どもに対しても、修学旅行の際に電子化したしおりを作成した。彼の場合は肢体不自由があるため、紙のしおりをめくることが難しい。そのためにタップやスワイプでめくることができるように作成した（写真10）。

〈写真10〉子どもの実態に合わせてしおりの操作方法をアレンジ

また、さまざまなところにリンクを作成し、本人が求める情報にワンタップでアクセスできるようにもした。

実践を振り返って ～一人ひとり実態が違う子どもに向き合う～

教材を開発したり指導したりするには、そのときの子どもたちにとって、最も必要と思われる力を身につけること、将来の姿を見据えて養うべき力を学ぶことが何よりも大切なことだと思う。一人ひとり実態が違う子どもに向き合ったときに、本当に必要な力の獲得を実現するために多くの引き出しをもつ教師でありたいと考えている。

⑮ 一人で安全に移動し、確実に目的地に到着する

知的障害 特別支援学校
目的の遂行 注意散漫 中学部

実践者●亀田隼人 東京都立南花畑特別支援学校

子どもの実態 目的を覚えて、一人で行動をやり遂げることができないPくん

Pくんの注意はそれやすい。目的の物が目の前にあれば、「～を取ってきて」「～を片づけよう」などの指示を聞いて行動することができたが、目的の物が遠くにあったり教室移動が伴ったりすると、途中で指示を忘れてしまうことが多かった。

Pくんは、身の回りのことや係活動など生活上の活動のほとんどを自分一人でやり遂げることができず、大人と一緒に行動することが多かった。

Pくんには生活のいろいろな場面で一人でやり遂げる経験を積んでいくことが大切だと考えた。

それには、気持ちがそれない、つまり「目的を維持できる何か」や、たとえそれたとしても助けてくれる「目的を思い出す何か」が必要だった。

また、それらをどのように用意するのかを考えることが、Pくんの将来の生活において、困ったときの対処方法になり得ると考えた。

指導目標の設定

Pくんは、移動場面において、目的地に行くまでに気になる物を見つけると、移動を忘れてしまうので、一人で安全に移動できる手段が特に必要だった。

目標1 目的地まで安全に移動できるようにする

目標2 画像や動画を使って、支援を求めることができるようにする

目的地まで安全に移動できるようにする

STEP 1 移動の様子を観察する

指導のポイント

目的地を忘れないためには、モチベーションを途中で喚起することが大切。

子どもの様子

Pくんは、将来は自分一人で移動できるようにと、小学部期から校内外で移動支援を受けてきた。

①**自宅とスクールバス停の往復**　Pくんはスクールバスで通学しており、保護者が付き添って移動する方法を取っていた。保護者は学級担任との相談で段階的に離れていき、中学部2年のときには大人が3m離れて追行すればよいようになっていた。ところが、歩きながら気になる物（乗り物や動物など）を見つけると、周囲の状況を確認せず走り寄るため、目が離せなかった。

②**校内での教室移動**　Pくんは、校内の各場所の名前や位置は理解していた。中学部2年のときには1フロアー上や下の教室まで一人で移動することを目標にしていた。ところが、移動途中で気になる物（スクールバスや掲示物など）を見つけるとそれに見入ったまま目的を忘れてしまった。そこで、離れた所から見守っている大人が言葉かけをすると、たいへん悲しそうな顔になった。
Pくんの校内における移動の様子を観察したところ、目的からそれるルートと、そうではないルートがあることがわかった。例えば、登校時の「玄関から教室」ルートはほとんど毎日それるが、給食時の「教室から食堂」ルートではほぼそれることがなかった。このことから、Pくん自身にとっての楽しみ（モチベーション）があることが安全な移動につながると想定された。

目的地を示す写真カードを携帯して移動したこともあったが、カードは、本人が見ようと思ったときにしか確認できなないため効果がなかった。そこで移動には、ヒントを見ようと思うモチベーションが必要なのだと考えた。

STEP 2 「忘れない」「思い出す」ために有効な手だてを検証する

指導のポイント

・Pくんの強み（人との関わりが好き）を「忘れない」「思い出す」ために生かす。
・本人が持ち歩け、遠隔で指令を送れるスマートフォンを活用する。

実際に使ったのはコレ！

アプリ ByTalk for school
デベロッパ：Bait Al-Hikma Co.,Ltd.
・学校専用に作られた完全クローズドなSNSアプリ。

子どもの様子

Pくんのモチベーションを高める要素はいくつもあったが、一緒に笑ったり気持ちを共有しようとしたりする人懐こさを大きな強みと考えた。そこで、人との関わりの中でPくんが目的を「忘れない」「思い出す」ことができるように、スマートフォンを使った手だてを探ることにした。

①毎日のあいさつをあらかじめ用意されたスタンプなどでやり取り

LINEのようなSNSアプリ「ByTalk for School」を使って、画像やスタンプのやり取りができるように、母親と一緒に操作しながら方法を覚えてもらった。Pくんはスタンプにも喜んでいたが、好きなキャラクター画像には特に大喜びだった。しかし返信はなく、本人の行動を促すツールとして活用するには現状では難しいと判断した。

②ゴミ出しの依頼を動画・音声で行う

家庭ではゴミ出しのお手伝いをしているPくん。いつもは母親に「お願い」と言われ袋を手渡されたあと、一緒にゴミ捨て場に向かうというやり方をしていた。そこで、動画や音声で担任から遠隔で依頼をしてみた。

まず、「ByTalk」に、「ゴミ出したのむね～」と言う担任の動画を送ったところ（写真1）、担任の画像に笑顔を見せたり動画の担任におじぎをしたりしていたが、ゴミ出しに向かうことはなかった。

次に、担任が電話で「ゴミ出したのむね～」と言うと、Pくんは自らゴミ袋を取りに行きゴミ捨て場に向かった。

これらのことから、Pくんにとっては、画像や動画は楽しくてモチベーションを高めるものではあるが、それに直結することだけに関心が向けられ、ほかのこと（最終的な目的）を忘れてしまうので、その後の行動を起こすものとしては刺激が強すぎるのではないかと推察した。

そこでPくんが困ったときに必要な情報を得て行動を修正するためには、音声での促しが効果的なのではないかと考えた。

〈写真1〉動画でのやり取り

指導のポイント

- 途中のポイントとなる場所で、情報を音声で伝える。
- 必要な情報のほか、モチベーションを高めるお楽しみの要素も盛り込む。

実際に使ったのはコレ！

アプリ Scan-QR
コードとバーコードリーダー
デベロッパ：QR Code City

・QRコードを読み取るアプリ。操作手順がシンプルで使いやすい。

子どもの様子

音声を提供する方法としてQRコードの活用を考えた。音声メッセージを入れたQRコードをルート上の大切な地点に用意しておき、Pくんが手持ちの端末でメッセージを聞くことにより、必要な情報を「思い出す」というしくみであった。

QRコードには、PくんがQRコードを読み取ろうと思うように音声メッセージと一緒にPくんの好きな歌の一部を入れた。目的地には「よくできました！」の称賛と好きな歌がフルコーラスで聞けるQRコードを貼っておいた（写真2）。Pくんは教室に到着すると大喜びで歌を聞いていた（写真3）。

〈写真2〉QRコード活用のイメージ

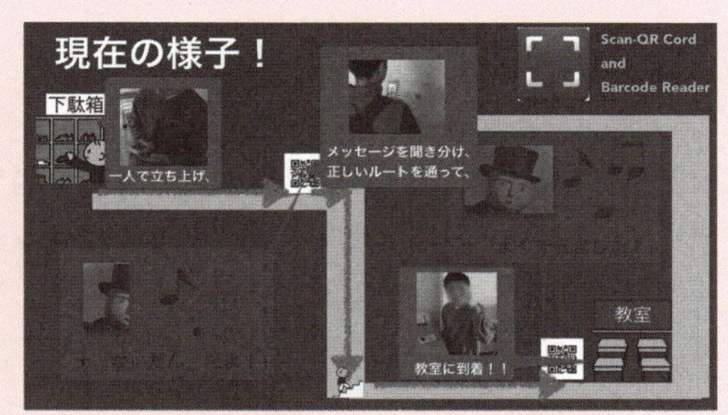

〈写真3〉一人で目的地に到着

指導のポイント

余計な刺激（アプリ）を表示しない。

子どもの様子

当初は、画面にほかのアプリがあるとそれらが気になり、うまく立ち上げられないこともあった。そこで、余計なアプリを表示しないようにしたところ、一人でアプリを立ち上げて移動できるようになった。

QRコードを使えるようになると、音声メッセージをしっかりと聞き分けて一人でさまざまなルートを移動できるようになった。

STEP 3 モチベーションを物（歌や画像）から相手による評価や達成感へ

Pくんは毎朝１階の保健室へ健康観察表を提出する係活動を行っていた。普段は出発時にスマートフォンを見せながら「帰ったら（好きな）歌を聞こうね」と口添えしていた。

ある日担任が不在で言葉かけがなかったときがある。それでもPくんは意気揚々と保健室に向かい、帰ってくることができた。このことから、Pくんの移動に対するモチベーションを高める要素は好きな歌や画像にもあるが、しだいにほめられることのような相手との関わりに代わってきているのではないかと思われた。一人で移動できるようになり、そのことを評価される経験の積み重ねがPくんの自己肯定感を高め、さらに関わりを求めるようになったのかもしれない。

目標2 画像や動画を使って、支援を求めることができるようにする

STEP 4 画像や動画での毎日のやり取りを継続する

子どもの様子

アプリ「ByTalk」を使って、毎日のあいさつやゴミ出しの完了報告を継続した。ゴミ出しの報告後の好きなキャラクター画像は大きな励みとなっているようだった。

やり取りを続けていると、クリスマスプレゼントの中身やそのときの様子など、近況を母親と一緒に教えてくれるようになった。Pくん一人ではアプリ操作は難しかったが、既存のスタンプの中から該当するものを自分で選んで投稿するようになった。これらのやり取りを通して、Pくんのご家族もPくんにとっての画像や動画の有効性を感じ始めた。

今後、Pくんが校外を移動するようになったとき、画像や動画による意思表出手段は、困ったとき、助けてほしいときに思いを明確に伝えるための方法になるだろうと考えている。

実践を振り返って ～一人ひとりに適切な学び方を～

実践を振り返ってあらためて感じたことは、一人ひとりに適切な学び方を整えることの大切さである。Pくんの場合、必要情報を得るには視覚的なモードではなく音声が有効であった。音声情報を活用することで自分の行動に自信をもてるようになったと考える。

その子の強みを見極め環境として用意すること、そしてその子がやり遂げたことをしっかりと評価することができれば、その子は自ら学んでいけるようになるのではないかと思う。

3 コミュニケーションの指導と支援

⑯ 交流学級での学びと障害理解の啓発

小学校　難聴学級　交流学級
障害理解啓発　周囲との情報共有
自己理解

実践者●伊波興穂
沖縄県立沖縄盲学校
元・沖縄県名護市立大北小学校

子どもの実態　中等度の難聴で、交流学級でのやり取りに苦労しているQくん

【聞こえの実態】
・国語と算数、自立活動は難聴学級で、そのほかの教科は交流学級で学習している。
・コミュニケーションモードは口話で、一対一であれば音声のみでの会話ができる。難聴学級では、音声に指文字や簡単な手話を併用して会話したり文字を読んだりできる。
・中等度の難聴（裸耳の状態で右75デシベル、左70デシベル）で、両耳に補聴器を装用。交流学級ではFMマイクを使用している。

【コミュニケーションの実態】
・複数の音声を同時に判断したり聞き分けたりすることが難しい。
交流学級でのグループ活動や話し合い活動になると、わからないことや聞き取れないことがあっても自分から質問したり発言したりすることはほとんどなく、受け身になりがちだった。
Qくんからは「質問してもどうせ聞こえないのに」という声が聞かれた。
・紙面での筆談では書かれた言葉や指示語の意味がわからず、内容が理解できないままやり取りを終わらせてしまうことが多く、定着していなかった。
・自立活動の「聞こえにくさについて考えよう」という学習の中で実施したアンケートからは、「みんな（のおしゃべり）がうるさくて先生の声が聞こえない」「みんなと同じように聞こえたら、みんなと一緒におしゃべりしたい」という回答があった。

指導目標の設定　Qくんの実態から、「交流学級の児童と関わりたい」「自分の聞こえにくさについて友だちにわかってほしい」という気持ちがうかがえた。

目標1　グループ活動や話し合い活動の中で、主体的に自分の考えを伝えたり質問したりする

目標2　自分自身の聞こえにくさについて思いや考えをまとめ、交流学級の友だちに伝える

グループ活動や話し合い活動の中で、主体的に自分の考えを伝えたり質問したりする

STEP 1 グループ活動に意思疎通（筆談）がスムーズになるツールを導入する

指導のポイント

- **筆談を個別のやり取りでなく、グループ内で行えるようにする。**
- **次のような機能のあるアプリを選ぶ。**

①読み込んだ写真やPDFに文字や線を書き込める。
②テキストで入力することもできる。
③ピンチイン・アウトができ、写真の細かい部分を拡大して見ることが可能。

実際に使ったのはコレ！

アプリ Notability
デベロッパ：Ginger Labs

子どもの様子

4月　Qくんは、紙での筆談時に書かれた言葉の意味がわからず、理解できていないときでも「わかった」と言って筆談を終わらせてしまうことが多かった。

そこで交流学級で理科の授業を中心に、タブレットPCで写真を取り込み、その写真に文字を書き込む形の筆談を取り入れることにした。

5月　Qくんや周りの児童に、タブレットPCの使い方や、授業の中でタブレットPCを使用する理由などを理解してもらうため、難聴学級担任（私）も一緒に授業に参加し、活用方法を確認した。

活用したアプリ「Notability」は児童たちにとって操作が容易だったようで、どの児童もすぐに使い方を理解して活用し始め、グループで協力しながらメモを作成できた（写真1）。

〈写真1〉
初めてグループで作成したメモ

しかしタブレットPCを導入した当初、Qくんは周囲の児童が操作する様子をながめているだけだった。あとの聞き取りで、Qくんはそのときの気持ちを「最初は恥ずかしかったから、タブレットPCを使いたくなかった」と、話してくれた。

STEP 2 グループ活動のやり取りにおいて、本人が前向きにタブレットPCを活用する

指導のポイント

自分だけの特別な支援機器ではなく、グループ活動を活性化するためのツールとする。

子どもの様子

6月　Qくんを含めたグループ全員が、自由にタブレットPCを活用できるようにした。すると、周囲の児童が写真を撮ってグループ内で示し、それをもとにグループで話し合う様子が見られるようになり、その輪の中にQくんも参加できるようになってきた。

また、メダカのオスとメスの体の違いについて話し合う活動場面は、グループの友だちの撮った写真を見て、Qくんから「これ、メスだよ」と友だちへ話しかけ、文字を書き込んで伝えることができた（写真2）。

〈写真2〉Qくんから初めて友だちに伝えられた場面

7月　Qくんが写真に文字を書き込み、初めて友だちへわからないことを質問できた。

10月　2学期以降も取り組みを継続する中で、友だちがわからずに悩んでいると、Qくんからタブレット PCを見せながら教えてあげる行動が見られた。これまでは常に教えてもらう側だったQくんが、友だちに教えてあげることもできるようになってきた。

また、社会科や外国語活動など、理科以外の教科でもタブレットPCを使う機会が広がってきた（写真3）。

〈写真3〉タブレットPCを囲んで話し合う様子

これらの筆談での取り組みを通して、Qくんからは「紙での筆談のときは、みんなが集まってくるから恥ずかしい。でも、タブレットPCはみんなで使うから、みんなで使っているときは恥ずかしくない」という言葉が聞かれた。

自分自身の聞こえにくさについて思いや考えをまとめ、交流学級の友だちに伝える

STEP 3 友だちにわかってほしいことを発表するために自分の考えをまとめる ▶

指導のポイント

- 伝えたいことをカードに箇条書きにし、直線的に配列することで発表の流れをイメージしやすくする。
- カードを自由につないだり並び換えたりでき、スライドにして流し、確認することができるようなアプリを選ぶ。

実際に使ったのはコレ！

アプリ ロイロノート
デベロッパ：LoiLo inc

子どもの様子

7月 Qくんの困り感を交流学級の友だちに知ってもらうため、難聴理解の授業を行うことにした。Qくんから友だちにわかってほしいことを伝える時間を設定し、その発表に向けて難聴学級で自分の考えをまとめる活動に取り組んだ。

Qくんは動詞や助詞の活用に誤りがみられ、文章で自分の思いを表現することに苦手意識があった。そこで、私は、Qくんにアプリ「ロイロノート」を使って気持ちを整理することを提案し、箇条書きでよいことを伝えると、Qくんはローマ字入力で数枚のカードを作成した。

〈写真4〉作成したカードを並び替えている様子

画面上でカードを自由に並び替えて発表の内容を考える作業を通して、徐々に伝えたいことがかたちになってきたようで、自分からカードの言葉を付け加えたり、新しいカードを追加したりしながら発表原稿を作ることができた（写真4）。

Qくんが作成したカードには、「もし、みんなと同じように聞こえる耳だったら、たくさんの中でおしゃべりをしたい」という記述も見られた。

STEP 4 難聴理解の啓発授業で自分の気持ちを伝える

指導のポイント

難聴理解の啓発授業は、大きく分けて３つの構成にし、次のような流れで行った。

①４～５人ごとのグループに分かれ、各グループ1名が難聴役をし、サポートがない状態で授業を受ける体験をする。
②難聴の友だちはどんなサポートがあればみんなと一緒に勉強できるかを各グループで話し合い、グループで考えたサポート方法を実践してみる。
③授業の最後に、本人から友だちに向けて自分の気持ちを伝える。

子どもの様子

①の活動では、難聴役をした児童から、「静かなときは先生の話していることもわかるけど、みんながしゃべっていたら、なんの話をしているかわからない」「みんなが笑っていたら自分が笑われているのかと思って不安になった」などの感想が聞かれ、その思いを学級全体で確認した。

〈写真5〉ヘッドホンをした難聴役の児童と筆談で伝えようとする同じグループの児童

これらの発表を受け、②の活動を始める前に、私から「みんなが一緒に勉強できる方法を考えてみよう。難しい方法ではなくて、実際にみんなにもすぐにできる方法を考えよう」と伝え、グループ活動をスタートした。

すると、子どもたちは口を大きく開いて話をしたり、紙に文字を書いて難聴役の友だちに見せたりと、グループごとにさまざまなアイディアが飛び出した。難聴役の児童も一緒に話し合い、活動に参加するために自分たちにできる方法はどんなことがあるのかを真剣に考える様子が見られた（写真5）。

〈写真6〉Qくんが自分の思いを交流学級の友だちの前で発表している様子

その後、③の活動で、Qくんから友だちへわかってほしいこと、お願いしたいことを伝えた。普段は自分の思いを友だちの前で発表することが苦手なQくんだが、一人でタブレットPCを操作しながら自分の思いを伝えることができた（写真6）。

授業後、交流学級児童から、「Qくんがみんなと遊ぶことが好きだといってくれてうれしかった」「もっとQくんのことが知りたい」「Qくんがわからないときは、字を書いたり大きく口をあけて話したりしようと思う」などの感想があった。

また、これらの感想が書かれたシートをQくんに見せると「みんながわかってくれてうれしい」と答えていた。

実践を振り返って ～自分を理解してくれる友だちがいることへの安心感と自信～

この実践から、①書き言葉だけではわからないことが、写真を介することで友だちと情報を共有できたこと、②これまでの紙を使った筆談では「自分だけ、一人だけ」と感じていたQくんが、タブレットPCを使って「みんな」と一緒に共有できたという経験ができたことがわかる。それにより、彼が主体的に友だちと関わりながら学習するという行動につながったと感じている（写真7）。

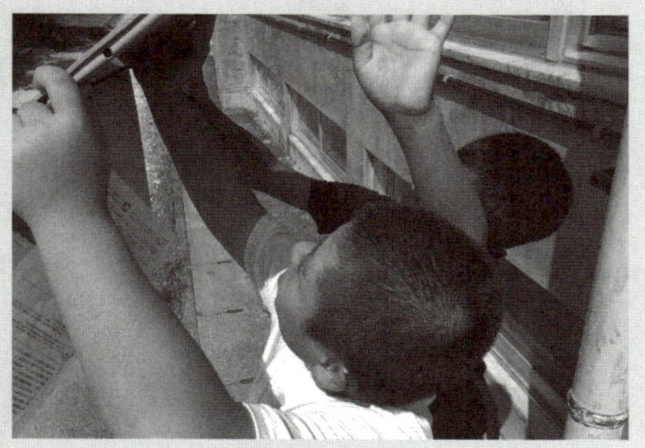

〈写真7〉友だちと一緒にタブレットPCで雲の量を調べるQくん

タブレットPCの導入前後の「Q-U 楽しい学校生活を送るためのアンケート」を比較すると、導入前は、「失敗したときにクラスの人が励ましてくれることがあるか」の質問に、「あまりそう思わない」と回答していたのに対し、導入後は「とてもある」と回答するなど、友だちとの関係性にかかわる質問項目で点数の上昇が見られ、「学級生活満足群」（学級の状態に満足し安心感のある状態）へプロットされた（図）。

Qくんのことを理解してくれる友だちの存在が、Qくんの交流学級での帰属意識を高める結果につながったのではないかと感じている。

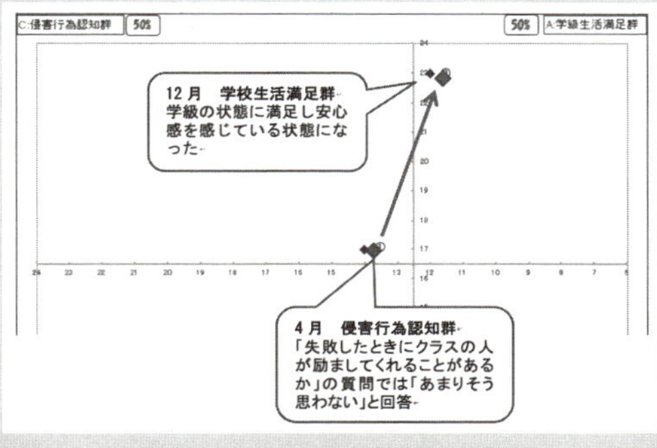

〈図〉Q-U アンケート結果の比較

⑰「見える工夫」で周囲との関係も見えてくる

小学校3年生　弱視学級　自己理解　障害理解教育　能動的・主体的

実践者●吉野晃子
島根県松江市発達・教育相談支援センター「エスコ」

子どもの実態　自分に自信がもてず能力が発揮できないRさん

Rさんは、小学校3年生女子。第一次硝子体過形成遺残のため視力は0.07だが、知的理解力は高い。弱視学級内では、明るくおしゃべりで可愛い子なのだが、交流学級や学年全体の中に入るとフリーズしてしまい、涙が出ることも多かった。

指導目標の設定

Rさんの活動を制限しているものおよびその解消法を考え、次のように想定した。

①周囲の人には、Rさんの見えにくさがよくわからない
⇒弱視を補うために人とは違う学び方をするRさんを周囲に理解してもらう

②自分の見えにくさが周囲からどう思われているかわからず自信がない
⇒本人も周囲と共に自分のことを考え、視覚補助機器の必要性とそのよさを実感する

具体的な指導目標として、「視覚補助機器を使うことをみんなの中で自分から見るために行う」と設定した。

目標 1 視覚補助機器を使う（学び方を身につける）

目標 2 みんなの中で使う（周囲からの理解）

目標 3 自分から（自己理解をして）・見るために（能動的に）使う

目標1 視覚補助機器を使う（学び方を身につける）

Rさんは、交流学級では得意な算数を一緒に学習していた。その際には単眼鏡を補助機器として使用していたのだが、いちいち目に当てることや、まず視覚情報を入力してから作業に取りかかるため、タイムラグが生じて結果的に遅くなってしまうことなどに不全感を感じていた。

また、そんな自分を周囲がどう思っているかを確かめるすべもないために、単眼鏡を積極的には使わず、見えなくてもじっと我慢していることが多かった。

指導のポイント

操作しやすく、授業の進行に合わせて使いこなせる教材（タブレットPC・アプリ）を提供する。

実際に使ったのはコレ！

アプリ 明るく大きく デベロッパ：Kazunori Asada
・虫眼鏡（拡大できる）機能がある

子どもの様子

ローマ字を学習していたRさんは、弱視学級において自分で入力し、アプリをダウンロードすることができた（写真1）。そして机にホルダーを取り付けてタブレットPCをセットすることにより、黒板や教師の動きをリアルタイムで拡大でき、手がフリーになったことで、作業のロスが激減した（写真2）。

また、タブレットPCの基本設定にあった「カメラ」機能も使うことで、必要な情報をすぐに撮影し、記録に残すこともできるようになった。

〈写真1〉ローマ字入力でアプリを検索

〈写真2〉周囲の児童が角度などの調節や、撮る場所をアドバイスしてくれることも多かった

目標2 みんなの中で使う（周囲からの理解）

自分のことが周りからどう受け止められているかわからないという不安から、友だちとの関わりも自己発信も少なくなってしまうRさんにとって、周囲からの理解を深めていくことが何より必要であった。そこで、段階を追って（4段階設定）、Rさんの見え方とRさん自身への理解を図る実践を行っていった。

STEP 1 交流学級に対してRさんへの理解を促す

指導のポイント

Rさんが使う視覚補助のための機器を、交流学級でも学習に生かしてもらい、機器を使うRさんや機器自体が主役になる機会を設ける。

実際に使ったのはコレ！

拡大読書器

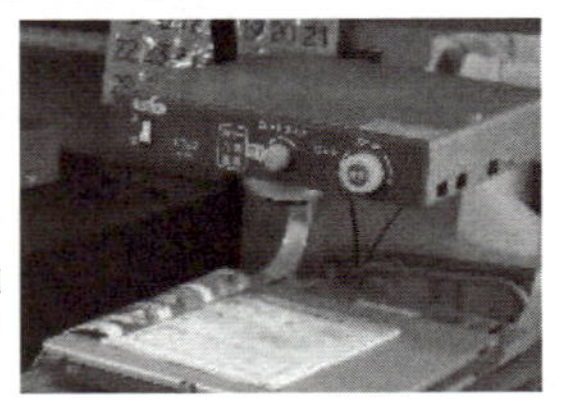

理科で、小さな種を大きく映してクラスで観察

子どもの様子

交流学級の理科の授業で、ホウセンカの小さな種を観察するときに、「拡大読書器」で大きくしてクラス全体に見せた。種のしわや毛までがよく見えて、子どもたちは大喜びだった。

同時に、「ここまで大きくせんと見えんの?」と、Rさんの見え方に対する実感を伴った声が聞かれた。

その後、6月と1月に定点調査としてアンケートを行った。アンケートには、自分の将来の夢などのほかに、Rさんへのメッセージも書いてもらった。

〈写真3〉交流学級でも拡大読書器を使用

アンケート（一部）
- Rさんはどうして「そよかぜ学級」にいると思いますか？
- Rさんが勉強のときに工夫していることを何か知っていますか？

STEP 2 同学年全体との行事において振り返りで活用する

3クラスあったこの学年全体の中で行った活動は二つある。

①社会科の校外学習時に、RさんがタブレットPCで動画や写真を撮り、その記録を振り返り学習で使用するという活動。

②音楽会の練習時に、Rさんが動画を撮影し、その画像を学年全員で見ながら修正点を話し合うという活動。

指導のポイント

交流学級の担任が、常々、「このクラスはRさんのおかげでいい勉強ができるよね」と子どもたちに伝える。

子どもの様子

校外学習では、事前学習で聞いた景色が、当日にタブレットPCで拡大することで実際に見えたRさん。撮影しているときは、同級生が寄ってきて「もう少しこっちも撮るといいよ」などと声をかけていた。振り返り学習で動画を再生したときは、「ぼくも教えたよ」「○○くんの声が入ってる」と、にぎやかだった。そして、全員がとてもたくさんの感想カードを書くことができ、担任を驚かせた。

撮影をするRさん

「松江めぐり」の振り返り学習で、Rさんの画像を使って説明をする交流学級の担任

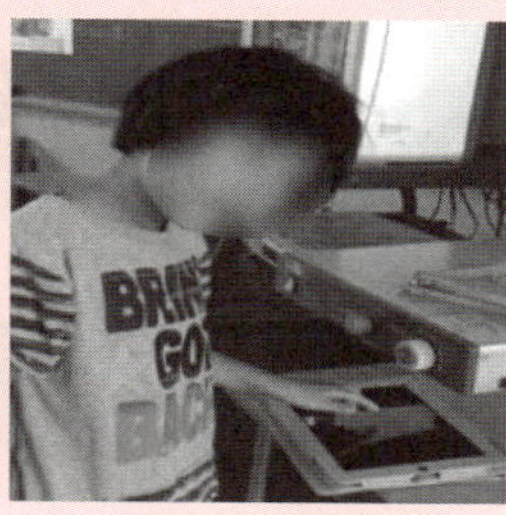

拡大読書器で上映するRさん

画像を見る交流学級の児童

また、音楽会の練習風景をRさんが撮影し、その動画を学年全員で見ながら修正点を話し合った。

音楽会の練習風景をRさんが撮影

演奏を客観的に見られ、多くの意見が出された

STEP 3 他学年に対する理解教育の授業を実施する

指導のポイント

理解教育の授業を行い、①Rさんの身体的な困難さ（違い）、②自分たちと同じように夢をもち、工夫しながら頑張っていること（同じ）について伝える。

子どもの様子

総合的な学習の中で、一つ年上の学年（4年生）4クラス、100名に対して理解教育の授業を行った。この授業では、Rさんが使っている拡大教科書や単眼鏡、タブレットPCなどを実際に触ったり使ったりした。

授業後は全員から手紙をもらい、Rさんは、「お手紙ありがとうございます。私はタブレットPCや単眼鏡があるとよく見えます。」と、自分の見えにくさについて素直な言葉での返事を書いていた。

STEP 4 全校・地域に対して理解を広げる

指導のポイント

劇の台詞として周囲に伝えたいことを盛り込む。

子どもの様子

校内音楽会で特別支援学級3クラス合同の出し物として「ありのままで」という音楽劇を行った。Rさんには次のような台詞を言ってもらった。

● 「もう、そんなに遠くにブロック置いたら、私、見えんわ」
　→自分の見えにくさを台詞として伝える

● 「私は、iPadや単眼鏡でしっかり見ます」
　→人とは違う学びの手段を台詞として「全校に宣言する」

この発表の直後、何かがふっきれたのだろう。ほかの学年の発表を自席からタブレットPCで見ているRさんの姿があった。全体の場にタブレットPCを持ち出したのは初めてのことだった。

音楽劇では演奏も行った

宣言後、すぐに使いました！

目標3 自分から（自己理解をして）・見るために（能動的に）使う

指導のポイント

・機器など教材の使用状況を調べ、精査する。
・周りの人の様子を動画により本人が確認する。

子どもの様子

入学時から使用している単眼鏡やルーペといった視覚補助機器にタブレットPCが加わったため、それぞれの機器の整理をしてみることにした。具体的には、単眼鏡とタブレットPCを用いて同じ条件下で視写を行い、所要時間を測ってみたり、各機器の特徴を表にしたりするという活動を行った。

また、Rさんが視覚補助機器を使って学習しているときに、ほかの子どもの様子を、Rさんに見せることを意識しながら動画撮影した。「人と違う自分の学び方を人はどう見ているのか」が心配だったRさんは、みんなが肯定的な表情で自分を見てくれている映像を「見た」ことにより、安心できたようだった。

指導のポイント

本人の気持ちの変化を言葉にし、自己理解を深める。

実際に使ったのはコレ！

アプリ SimpleMind＋　デベロッパ：xpt Software&Consulting B.V.

・マインドマップが簡単にできる。

子どもの様子

そのようなRさんの気持ちの変化を、SCT（文章完成法）や「SimplMind＋」というアプリを使って、随時確認していった。書くことは好きなRさんは、気持ちを多様な方法で表すことによって、自分自身を客観的に捉えることにつながったと思う。

実践を振り返って　～活動への制限がなくなり、能力を存分に発揮できるように～

この実践によって、Rさんは、「①視覚補助機器を使うことを、②みんなの中で、③自分から・見るために行う」というねらいそのままに変容した。それとともに、Rさんと周囲との見えない壁も消えていった。

Rさんの活動制限がなくなった理由

①Rさんが自分のことを肯定できたこと

弱視のために作業が遅れたり不器用だったりすることを嫌がっていたRさんだが、新たな学び方を手に入れたことで、その身体困難が補われ、もともともっていた能力を存分に発揮できるようになった。もともと得意だった算数は発表回数も増え、クラスで一番を取るようになった。発表したことを認められたり、テストで結果が出たりしたことも含めて、「私は眼が悪いからみんなと違う学び方をするけれど、このやり方ならできるんだ」という確信をもつことができたと思う。

②Rさんの周囲の理解が進んだこと

交流学級の定点アンケートの結果にそれが表れている。6月の段階では、Rさんがなぜ弱視学級にいるのかわからないという回答が3割あった。しかし1月には「わからない」は0名、「アイパッド（iPad）などを使って一生懸命勉強するため」などの文章を多くの子が添えてくれた。

あるとき、他学年の子がRさんの眼のことをからかうような発言をした。すると、交流学級のある男子が「Rは悪くない、お前、あやまれや」と相手に詰め寄ったそうだ。

そんな友だちに囲まれて、Rさん自身の自己理解も深まっていった。

「機器への興味（違い）→持ち主への関心（違い）→頑張っていることへの共感（同じ）→自分自身への気づき（共に・多様に）」と他者理解が進んでいったことがうかがえる。

つまり、自己理解と他者理解は相互に作用しながら進んでいくのだ。

もうすぐ中学生になるRさんにはたくさんの夢がある。さまざまな人の中で自分なりの方法と自信をもって、今後の人生を歩んでほしいと願っている。

読み・書き
生活
コミュニケーション

⑱「意味がわかる言葉」が増えれば、会話のキャッチボールができる

脳性まひ　知的代替の教育課程
やり取りが困難　表出が不明瞭
あいさつ　小学部１年男子

実践者●城野真妃
福岡県北九州市立小倉総合特別支援学校

子どもの実態　発語は多いが会話のやり取りが難しいSくん

Sくんは、小学１年の脳性まひの男の子である。日常生活動作については、全面的に支援が必要で、知的代替の教育課程で学んでいる。

コミュニケーションについて、次のような様子が見られた。

①意味のあるやり取りが成立していなかった
- 保育所からの引き継ぎ資料には、２～３語文で話すことができると書かれていた。
- 入学後、「今日は誰と学校に来たの？」「Sくん、トイレに行きたいですか？」などの簡単な質問に答えることができなかった。
- こちらからの発信に対して「あのさ」「あのですね」などの場をつなぐ言葉を繰り返したり、自分の好きな話題を唐突に始めたりすることが多かった。

②構音や発声の難しさから、表出が不明瞭だった
- Sくんの発信は、あらゆる場面において聞き手に依存している状況であった。

③あいさつや授業の際の号令などの決まったパターンの表出は得意である
- 「おはようございます。先生、今日もよろしくお願いします」と毎日、元気いっぱい大きな声で言うことができていた。

指導目標の設定

目標１　さらに詳しく言葉に関する実態把握を行う
目標２　実体験を元にして「わかる言葉」を増やす
目標３　伝えたい相手に自分の言葉と方法で伝えられるようにする

さらに詳しく言葉に関する実態把握を行う

STEP 1 「言える言葉」と「わかる言葉」を明確にする

指導のポイント

Sくんが意味を理解して使っている言葉（「わかる言葉」）と、意味を伴わず、耳で覚えて言っているだけの言葉（「言える言葉」）を明確にする。

実際に使ったのはコレ！
タブレットPCのビデオ機能

子どもの様子

Sくんと関わる中で、Sくんは発語は多いものの、模倣やパターンでの表出がほとんどなのではないかと感じた。

Sくんの発語が活発な時間帯である①登校～朝の会前、②昼休み、③下校前、の時間にタブレットPCのビデオ機能を使って3週間の発語を記録した。

記録を整理すると、〈表〉のような実態をつかむことができた。

言葉の受容	・あいさつなどの慣れた定型文であれば、自分から返答することができる ・音声（言葉）だけで理解するのは難しいが、具体物や写真を用いての選択（2択）ができるようになりつつある
言葉の表出	・自ら想起してやり取りに結びつけることのできる語彙は、生活に密接にかかわっている人や物の名詞などが主である ・知っている語彙であっても、表出するには時間がかかる ・語感や響きが気に入った言葉やセンテンスを丸暗記し、さまざまな場面で表出する ・定型句の使用場面を理解すると、模倣するだけではなく、自分の言いやすい言い回しに変えて話すようになる
言葉の増え方の特徴	・核となる言葉を中心に、実体験や直接操作を伴うことで言葉が広がっている ・気に入ったセンテンスの再生リハーサルを重ねることで、使用する場面や文脈が合ってくるようになる

〈表〉言葉の実態把握でわかったこと

●「わかる言葉」

Sくんの「わかる言葉」は、「お父さん、お母さん、お茶、トイレ、給食、連絡帳」など、日常生活に密接に関わる人や物の名詞がほとんどであった。

そして、それらは、実物や実体験を介することで、「わかる言葉」として獲得していくことがわかった。例えば、Sくんは、実際にトイレに座り、排せつできた経験を通して「おしっこ、でた」や「トイレ、行く」などの言葉を獲得した。

●「言える言葉」

Sくんが話す2～3語文の多くは、周りの大人やＴＶ番組の模倣であった。登校時の言葉も、送迎の際の保護者の言葉の模倣であり、当初、意味は伴っていなかった。

Sくんは聴覚優位であるため、気に入ったセンテンスは丸暗記している。センテンスを表出し、周りの人たちの反応がより大きいものが頻繁に使われている（例えば「先生、かわいいですね」や「○○先生と結婚する」など）。

これらの実態から、Sくんのやり取りの難しさは「言える言葉」と「わかる言葉」のギャップにあるのではないかと考え、実体験を元にして「わかる言葉」を増やすための指導を始めた。

目標2 実体験を元にして「わかる言葉」を増やす

STEP 2 休日動画を使って「わかる言葉」を増やそう

指導のポイント

Sくんが写った動画を見ながら、Sくんの経験を教師と言葉にしていく。

子どもの様子

「……連絡帳」

月曜日に登校してくると、Sくんは私によくそう言った。週末の楽しかった出来事を伝えたいが、言葉がうまく出てこないため、保護者が書いてくれている連絡帳の記述を読んでほしいという意味である。

Sくんのこのような姿から、なんとか自分の言葉で週末の出来事を伝えられるようにしたいと思い、それは実体験をもとにして「わかる言葉」を増やすことにつながるのではないかと考えた。

そして次のような手順で動画を活用することにした。

①保護者に協力を依頼し、週末の様子を30秒～1分程度の動画で撮ってきてもらうことにした。

②撮影した動画は、国語の時間にTV画面につないで視聴した（写真1）。

動画を見ながら、「どこに行ったの？」「これは何？」などの質問をして、Sくんの経験を一つずつ「わかる言葉」にしていった。

③うまく言えない場合は、教師が正しく言い換え、Sくんと共に再生するようにした。

〈写真1〉撮ってきた動画を見ながら学習している様子

STEP 3 友だちと動画を共有し、クイズを出し合うことで、「伝えあう機会」を増やそう

指導のポイント

質問者と受け手を交代しながらクイズを進めることで、生活の中で「話すこと・聞くこと」のスキルを身につける。

子どもの様子

休日動画のほかにも、校内の教師や友だち、教室などの動画を使い、「どこ？ だれ？ クイズ」を行った。その際、質問者と受け手を交代しながら、やり取りを行った。

7月ごろから取り組みを開始し、10月初旬には、動画を一時停止しながら「これは何？」などの質問をすると、停止した画面を見ながら、確実に答えられるようになった。

その後、言葉によって出来事を銘記できるようになり、11月ごろには、動画をすべて見終わったあとに質問をしても、簡単な質問に答えられるようになった。

また、ほかの生活場面でもSくんが周りの人に質問をするという機会も増えてきた。実体験をもとに学習したため、次々と「わかる言葉」が増え、生活の中での「話すこと・聞くこと」のスキルを身につけることができた。

STEP 4 伝えたい人や内容をもっと増やそう

指導のポイント

- **さまざまな写真を自分で撮影することができる。**
- **あとで、自分で見直すことができる。**
- **写真と一緒に物の名前などの言葉も音声で聞くことができる。**

実際に使ったのはコレ！

ボイスメモ　デベロッパ：Lin Fei
・録音アプリ。音声データを、「Keynote」に貼り付けることができる。

子どもの様子

言葉を増やすのと同時に、人と関わることが好きなSくんが、さまざまな人と、さまざまな話ができるようになればと思い、伝える人や内容を増やす取り組みを行った。ウォーカー歩行の際、そのときに出会った教師や介助員さん、育てていた野菜、好きな遊具などを自由にiPadで撮影した。

その後、撮影した写真を「Keynote」に音声（言葉）と一緒に貼り付け、あとから何度も見られるようにした。

実際に使ったのはコレ！

iOSのアクセシビリティ機能「レシピ」
・スイッチ操作でiPod touchをコントロールできる。
・「設定」＞「一般」＞「アクセシビリティ」
　＞「スイッチコントロール」で設定や起動を行う。

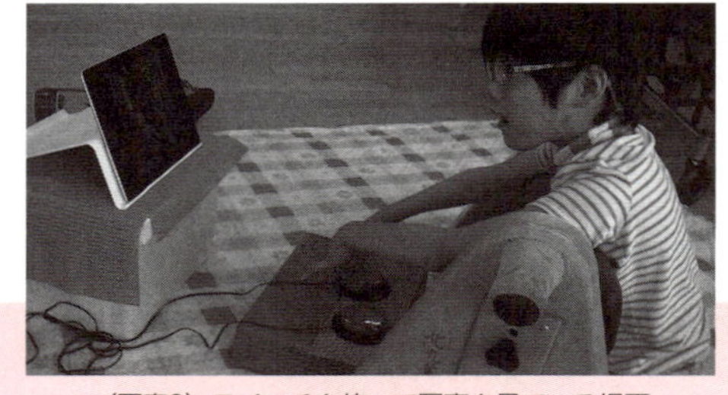
〈写真2〉スイッチを使って写真を見ている場面

子どもの様子

Sくんは、まひが強く、タップやスワイプでの直接操作が難しかったため、①iPad用Bluetoothスイッチインターフェイス、②ジェリービーンスイッチ、③アクセシビリティ機能の「レシピ」を使って、ワンスイッチで撮影やページ送りができるようにiPadを設定した。

すると、写真を「見る」というスキルを身につけはじめ（写真2）、見ながら、「オカリナ」や「○○先生」など、音声出力のあとに復唱している姿が見られた。実物を知っていること、実体験を伴っていたことから、Sくんはそれらを、次々と「わかる言葉」にしていった。

目標3 伝えたい相手に自分の言葉と方法で伝えられるようにする

STEP 5 伝えたい相手に伝えたいことを伝える喜びを体感させる

指導のポイント

伝えたい人に「伝わった！」という実感をもてるようにする。

子どもの様子

2学期の終わりごろになると、言葉だけでのやり取りがずいぶんとできるようになった。
休日動画で、Sくんのお誕生日会の様子を撮影したものを見たあとに、「先生、これT先生に見せないけん」と言った。Sくんは、祖父母から誕生日プレゼントにハーモニカをもらっていた。それを、いつも、ギター演奏をしてくれるT先生に伝えたいと言ったのである。そして、「ビデオ持って行く」と言ったので、タブレットPCを持って、T先生のところへ行った。

Sくんは自分から「これ見て」とT先生に言って、操作は依頼し、動画を見ながら、T先生と「ハーモニカもらったの?」「おじいちゃんとおばあちゃんに、ハーモニカをもらいました」などの会話をすることができていた。そして、Sくんが期待した通りに、T先生は一緒に喜んでくれた（写真3）。

これまで、Sくんが何か人に伝えるためには、経験を共有したり、経験を知っていたりする大人が必要であったが、動画を使うことで、その存在が必要なくなった。そして、きちんと伝えるためにタブレットPCが必要であると感じ、実際に使うことができた。

Sくんは、T先生に伝わったことを、学級担任や、学年の教師など、次々といろいろな人へ伝えていた。「伝わった！」という実感を伴うことで、自信をもって、自分から話をすることができていた。

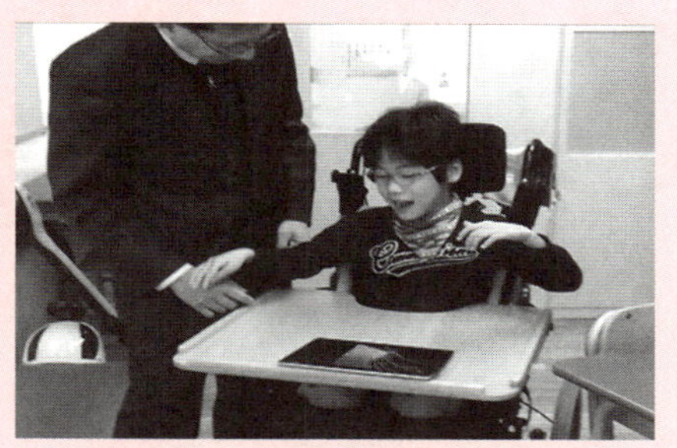

〈写真3〉撮ってきた動画を使ってT先生に伝えている様子

実践を振り返って　～新たなコミュニケーション手段の獲得を目指して～

出会ったころのSくんは、発語が多く、長いセンテンスも流ちょうに話していたため、それなりの理解力を期待されがちであった。しかし、言葉に関する実態把握を丁寧に行うことで、流ちょうな言葉は「わかる言葉」ではなく、聴覚情報として記憶したものをそのまま表出しており、そのほとんどが意味を伴っていない言葉であることがわかった。

実践をとおして、動画や写真などの視覚情報を使いながら「わかる言葉」の理解を広げることで、「話すこと・聞くこと」のスキルが高まったと言える。

Sくんは聴覚優位であり、これまでは聴覚的な情報を頼りに生活していた。しかし、動画や写真を「見る」という活動や、人に「見せる」という活動をとおして、視覚的な情報が生活の手がかりになることや、コミュニケーションの手段になることに気づき始めた。

そこで、９種類の時間割カード（視覚情報）と、教科名（聴覚情報）を一致させる学習を行ったところ、3か月ですべてを覚えることができた。また、現在では曜日とそれらをシンボル化したイラストも一致させることができており、「明日は水曜日だから、音楽のお勉強がありますね」など、見通しをもつ手段として使うことができている。今まで、聴覚情報を頼りに生活してきたSくんが視覚情報のよさに気づき、生活の中で使えるようになってきた例である。

現在は、「読むこと・書くこと」へつなげていくために、文字の習得を目指して学習している。楽しかった思い出や自分の気持ちを日記として綴ったり、メールで人に伝えたりすることができれば、新たなコミュニケーション手段の獲得となり、よりSくんの世界が広がると考えている。

読み・書き
生活
コミュニケーション

⑲「一人でできた」という実感を得る

高等部　知的障害　自己肯定感
成功体験　ワーキングメモリ

実践者●齋藤枝里　大分県立臼杵支援学校

子どもの実態　言葉が不明瞭で伝えることをあきらめてしまうTさん

「やってみたいことはたくさんあるけど、私になんか無理！　だからしない！」そんなふうに思っていた、知的障害のあるTさんは、地域の中学校から本校（特別支援学校）の高等部へ入学してきた。話をすることは好きだが、言葉が不明瞭で伝わりにくいところがある。そのため、話の途中で伝わらないことがわかると、諦めてしまったり、人前で発表するときや、あまり接点のない教師に話しかけられると、うつむいて黙ってしまったりしていた。

学習面では、数学に対して強い拒否反応が見られた。「算数・数学」という言葉を聞くと大きくため息をつき、課題プリントは裏返して解こうとはしなかった。また、国語では、文章を完成させることに困難があった。

何事にも自信がないTさんには、繰り返し成功体験を積むことが必要だった。年齢相応のプライドを考慮し、「一人でできた」という実感を得ることが重要であり、達成感を強く感じることができれば、自己肯定感も高まって、自信につながり、意欲的に学校生活を送ることができるようになるのではないかと考えた。

また、Tさんは日ごろからタブレットPCに強い興味をもっており、学習における一人での成功体験を支えるためにも自分が必要なときに自分のペースで活用ができるタブレットPCは効果的であると考えた。

指導目標の設定

目標1　必要に応じてタブレットPCを活用し、安心して授業に参加できるようにする

目標2　学習に前向きに取り組み、達成感を得られるようにする

目標3　自分の伝えたいことを自分の言葉でみんなに伝える

目標1 必要に応じてタブレットPCを活用し、安心して授業に参加できるようにする

STEP 1 クラスの中でタブレットPCを活用しやすい雰囲気を作る

指導のポイント

本人に「自分だけ」と引け目を感じさせないようにする。

子どもの様子

Tさんは、「自分だけが授業の中で使用することは特別感があって嫌だ」と、タブレットPCを積極的に使おうとはしなかった（写真1）。

そこで、タブレットPCの活用にあたっては、「必要であればほかの生徒たちもどんどん使っていけるようにしましょう」と学年で共通理解を図り、活用しやすい雰囲気作りを行った。

また、Windowsタブレットのほか、本人が個人で持っているiPod touchを併用した。

〈写真1〉タブレットPCを使うときは机の下でこそっと……

STEP 2 自分が必要な場面でタブレットPCをすぐに活用できるようにする

指導のポイント

授業に合わせて学習を進めるうえでの不安を解消する。

子どもの様子

授業中に自分が必要なときにタブレットPCを使えるように、扱いやすい位置に置いておくように促した。すると、解答に不安を感じるときはすぐにタブレットPCで確かめができるため、安心して取り組むことができるようであった。

目標2 学習に前向きに取り組み、達成感を得られるようにする

STEP 3 苦手な数学の授業に積極的に参加する

指導のポイント

子どもが興味をもてるよう学習にゲーム性をもたせる。

実際に使ったのはコレ！

アプリ 能力＋支払い技術検定　デベロッパ：ASOBOX

・なるべく小銭を増やさない支払い方をゲーム感覚で学べる。

子どもの様子

お金の学習で、アプリを活用しながら実際のお金を扱って支払う練習をした際に、意欲的に取り組む姿が見られた（写真2）。家庭でもダウンロードし、さらに支払い方を学び、授業中に友だちの支払い方を見て「待って！　こんな方法は？」と自ら挙手をしてほかの方法を提案する姿も見られた。

このころから、苦手な数学の授業で非常に前向きに参加する姿が見られるようになり、教師に答えを言わせてほしいとアピールするほどであった。

〈写真2〉お金の学習で積極的な様子が見られた

STEP 4 苦手な文章作成に取り組み、文章を書き直しながら完成させる

指導のポイント

子どもが苦手な作業に取り組む姿をよく観察する。

実際に使ったのはコレ！

アプリ Microsoft Word
デベロッパ：Microsoft Corporation

アプリ iPod touch用『メモ』
デベロッパ：Apple

子どもの様子

短い文章を読み、系列順に書くことができるTさん。しかし、文章を書き直す途中でイライラして、書くことをやめてしまうことが多かった。

取り組んでいる様子を観察してみると、文章の書き直しをしようと消しゴムで消している間に書き加える内容を忘れて混乱する様子があった。そこで、Wordやメモ機能のアプリを活用しながら文章を作成するようにした。

指導のポイント

学習を進めるうえで必要な作業のうち、苦手な要素を分析する。

Tさんの文章作成時の困りって、「書き直すこと？」「消すこと？」

「書き直す」	「消す」
・意欲的な様子 ・自分で間違いに気づいたり、指摘されたりしたことを素直に受け入れて改善しようとする ・書き直したい所が、見た目に自然に入っていないと気になる	・消すことはできる ・うまく消えていないとだんだんイライラしてくる ・消している間に書き直そうと思っていたことを忘れてしまう ・面倒なときは2本の訂正線ですませたがる

子どもの様子

文字入力により、予測変換で自分の思った言葉が表示されたり、漢字変換機能で思い出せない漢字が表示されたりすることに取り組みやすさを本人が感じていた。また、書き直しをするときに、書きたい内容を先に記入し、あとから文字を消して調整できるというところが、本人の思考の流れに合っていた（写真3）。

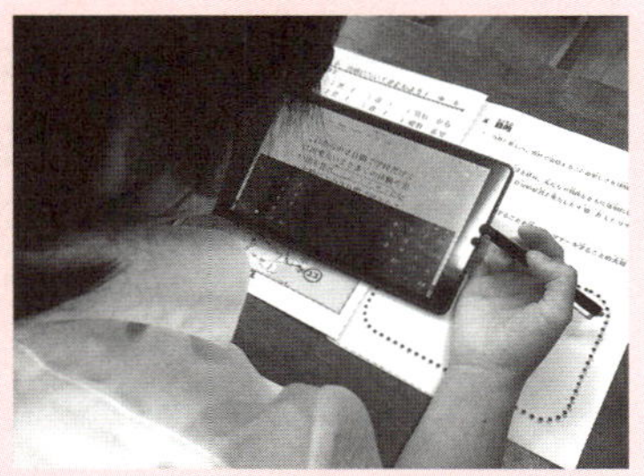

〈写真3〉タブレットPCに打ち込みながら文章を考えている

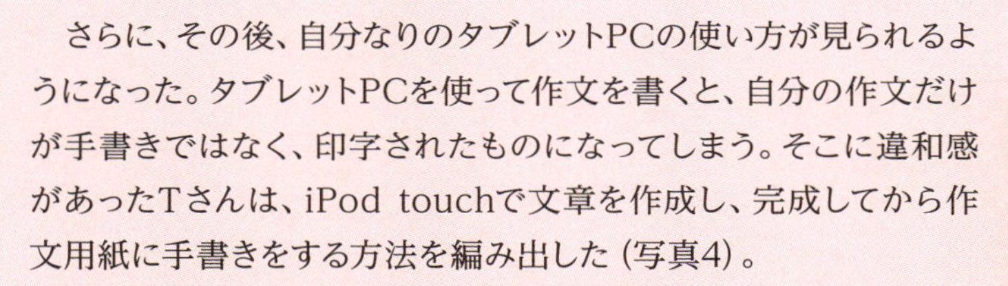

さらに、その後、自分なりのタブレットPCの使い方が見られるようになった。タブレットPCを使って作文を書くと、自分の作文だけが手書きではなく、印字されたものになってしまう。そこに違和感があったTさんは、iPod touchで文章を作成し、完成してから作文用紙に手書きをする方法を編み出した（写真4）。

タブレットPCは横書き、作文用紙は縦書きで、一見書きづらそうには見えるが、本人は、書いた文章は消していくなど、間違えないための工夫をしていた。

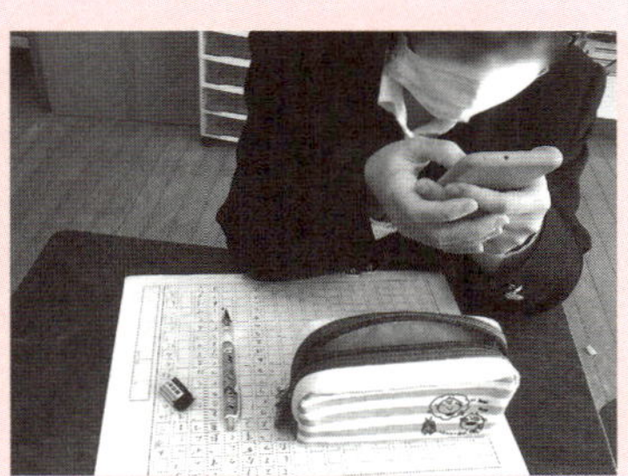

〈写真4〉iPod touchのアプリ『メモ』で文章を編集してから手書きをする

目標3 自分の伝えたいことを自分の言葉でみんなに伝える

STEP 5 無理のない範囲で伝えられる方法を探し、試してみる

指導のポイント

クラス全体にあいさつする方法を複数提示し、本人が自分に合った方法を選び、普段の学級活動で練習を重ねられるようにする。

実際に使ったのはコレ！

フリーソフト 和太鼓（Wordaico） 作者：jalpsjp
- Microsoft Word専用の読み上げソフト。
- Wordで作成した文章を読み上げてくれる。
- ソフトをダウンロードして利用（アドイン）。

子どもの様子

本校には、「教育合宿」という行事があり、毎年7月に1泊2日で行われる。Tさんは、成功体験を重ねるうちに少しずつ自信がついてきたのか、昔からやってみたかったという「班長」に挑戦したいと自分から話してきたことがあった。不安もたくさんあったようだが、立候補して念願叶って班長になれた日の日記には、「これを機にみんなの前で話せるようになりたい」という思いが綴られていた（写真5）。

しかし、『自分の言葉で伝えたい』という思いはあるものの、みんなに伝わるのかという不安や、何よりも恥ずかしいという気持ちが強く、普段の生活の中でもなかなか一歩踏み出せずにいた。

そのような状況の中で、班長として入所式での生徒代表あいさつをすることになった。それに向けて教師からタブレットPCを使った3つのあいさつ方法を提示し、本人が自分に合った方法を選び、普段の学級活動で練習を重ねられるようにした。

Tさんに提示した3つの発表方法
①「和太鼓（Wordaico）」で再生
②教師の声でiPod touchに録音し、再生
③本人が自分の声でiPod touchに録音して再生

〈写真5〉班長になれた日の日記。なかなか素直に自分の気持ちを書けずにいたが、この日の日記には自分の思いを織り交ぜていた

取り組み当初は、読み上げソフトでの再生を前向きに考えていたが、機械の声というのに違和感があるようだった。また、教師には頼らないで発表したいという思いが強くあったようだった。

結局、教育合宿当日まで、「自分の声で発表内容を録音し、再生」という方法を選んで取り組んだ。

STEP 6 伝える機会を増やし、自信をつける

指導のポイント

伝える方法を自分なりに工夫させてみる。

実際に使ったのはコレ！

アプリ iMovie　デベロッパ：Apple
・動画編集アプリ

子どもの様子

取り組みを重ねる中で、友だちが自分の発表の声を聞いて内容を理解してくれたのはうれしかったようである。「もう、タブレットPCに頼らず発表できるかもしれない！」という思いが強くなり、教育合宿前日は、「明日、iPod touch持って行かん！　自分で発表する」と意欲的な様子が見られた。しかし、当日は慣れない場での発表ということもあり、準備していたものを再生しながら発表を行った。他

学部の生徒や教師のいる中で、タブレットPCを使って発表したのは初めてだったが、たくさんの人の前でもできたというのは自信となったようだ。

この教育合宿では、レクリエーションに自分から積極的に参加する様子があり、友だちや教師を驚かせた。「次こそ自分の声で発表したい」という思いが強く、翌日の朝の集いでは、タブレットPCに頼らずに自分の声で発表をすることができた（写真6）。

〈写真6〉はじめて自分の声で発表をすることができ、とてもうれしそうな表情をしていた

録音再生の方法は、自分の声で発表したいという生徒の気持ちの背中を押してくれた取り組みだった。

この教育合宿を機に、司会を務めたり、発表したりすることができるようになり、声もどんどん大きくなった。

さらに、自分の取り組みを詳しく知ってもらいたいという思いから、動画編集アプリで写真を編集し、それを流しながら言葉で発表することもできるようになった（写真7）。

〈写真7〉画像を流しながら自分の言葉で発表をする

実践を振り返って ～さまざまな活動に積極的に取り組み、諦めずに対話できるように～

入学当時は成功体験が少ないため自信がなく、「私なんか、どうでもいい存在なんやけん！」と投げやりな言葉を発し、活動に取り組めない様子もあったTさん。ほめられる場面があっても、素直に受け入れることができず、「ほめんでよ！」と興奮して教師や物に当たることもあった。

しかし1年が終わるころには、放課後等デイサービスの職員からも「最近、ほめたことも素直に受け入れてくれるんですよ」と言われるなど、学校外での様子も変化していた。また、友だちが受けた検定試験に興味をもち、「私も来年やってみたい！」と発言するなど、意欲的な姿がたくさん見られるようになった。

2年生になったTさんは、生徒会役員になりたいと立候補した。そのときに「私は、この学校が好きです。みんなが同じ目でお互いを見て、思いやりをもっているからです」と、あいさつ文を書いており、自分の素直な思いを表現することができるようになっていた。一人でできたという経験は、自信のなさを隠そうと必死に守っていたTさんの張り詰めた心を解き放してくれたのではないかと感じた。

3年生になった現在、就労を希望していた事業所から「ぜひ、うちに来て！ 待ってるよ！」と言ってもらい、Tさんの毎日は充実している。学校のさまざまな活動に積極的に取り組み、「私は、こう思ったんよ」と諦めずに対話するような場面も見られている。これからの社会人生活でも新たな意欲をもって活躍していってくれると期待している。

> 昨日は、発表を自分でその場でやっていてびっくりしました。先生やお友だちのまえでは少しは喋れる様になっているだけで、まさか…お母さんたちが居てもOKとは進歩していました。4月からの連絡帳を読み返しました。学校に行って1日を過ごすことが目標だったんだと思い出し、今は持久走のタイムの目標があったりと…すごいかも！

PTAで実習の感想発表会を行った翌週の保護者の連絡帳より

読み・書き

生活

コミュニケーション

⑳ やりたい気持ちを引き出し、伝える力をつける

重度重複障害　小学部男子
肢体不自由特別支援学校　聴覚優位

実践者●中村早希
東京都立志村学園
元・東京都立北特別支援学校

子どもの実態　気持ちや要求を示すのが苦手なUくん

Uくんは重度重複障害（てんかん性脳症）があり、肢体不自由特別支援学校（本校）に通っている。

Uくんは、主に耳から得た情報で状況を把握しているようだ。視覚については十分に活用できていないと考えられる。気持ちや要求の表出は、YES（快）は笑顔、NO（不快）は歯ぎしりをしたり眉間にしわをよせたりで表現している。表情でははっきりしないことも多く、受け取る側の読み取りに左右されがちである。

また、繰り返し行っている活動では、「3・2・1」と言うと期待感で笑顔になることがある。

指導目標の設定

目標1 主体的にものごとに関わったり、担任と一緒に活動を楽しんだりする

目標2 学習環境の整備をすることで、誰と取り組んでも楽しめる活動を作る

目標3 実践における子どもの成長を客観的に知り、表出の機会を増やす

主体的にものごとに関わったり、担任と一緒に活動を楽しんだりする

STEP 1 タブレットPCを操作する活動を通してやりたい気持ちを引き出す ▶

指導のポイント

- 個別指導の時間に、画面に触れることで音が鳴るアプリを使用した。
- 活動に集中できるように、言葉かけは最小限にした。
- 活動内容は、毎回録画をして記録を残した。

実際に使ったのはコレ！

アプリ Magic Zither
デベロッパ：MEET Studio CO., LTD.
・触れると琴の音が鳴るアプリ。Uくんの一番のお気に入り。

アプリ Pocket Pond 2　デベロッパ：TriggerWave LLC
・触れると池の音が鳴るアプリ。Uくんには少し音刺激が強く感じる。

子どもの様子

学習においてUくんには次のような困難さが見られた。

① 学習に継続して取り組み、積み重ねることが難しい

・睡眠リズムが乱れやすく登校時間、登校日数が安定しない。
・1日の中でも緊張具合が大きく異なる。学習に取り組む状況になりにくい日が多い。

② 主体的な活動が成立しづらい

・身体の動きに制限が強い。
・シーツブランコや抱っこなど受け身の活動になりがちである。

③ 手を使った活動を継続することが難しい

・スイッチを使った活動に取り組んでいるが、腕の動きが随意的かどうか、評価が難しい。
・手で何かを操作しようとしても、音に敏感なため、VOCA（Voice Output Communication Aid）の音声、操作音などにも驚いて、上肢を引き込んでしまうことが多い。

Uくんは、スイッチを用いた学習活動に取り組み、スイッチを押せば何かが返ってくるという因果関係に気がついてきた。そのころにiPadに初めて触れる機会があった。心拍は大きく変化し、汗だくになって夢中になり、活動場面で発声が少なかったUくんが、たくさん声を出していた。

iPadを使って学習に継続して取り組めば、Uくんのもっている力がさらに引き出せるのではないかと考え、小学部5年から個別指導の時間に取り入れた。

主に使った2つのアプリは、Uくんにとって以下の3点がよかった。

① 触れるだけでフィードバックがあること
② 心地よいと感じられる音が見つかったこと
③ 手軽にセットできて、待ち時間が少ないこと

目標2 学習環境の整備をすることで、誰と取り組んでも楽しめる活動を作る

STEP 2 活動を活性化するために、環境を整える

指導のポイント

- （どちらかと言えば）動きが大きいほうの手にまずはねらいを絞って動きを十分に引き出せるようにする。
- 担任と楽しさを共有できるようにする。

子どもの様子

黒い仕切り板でUくんを囲い（写真1）、三角マットで操作しやすい角度を作った（写真2）。

活動を重ねていくと、新たな様子が見られるようになった。

① 手を降ろしたまま操作できるようになった

普段、緊張が強くて腕を引き込んでいたり、脱力して腕を降ろしたまま動かなかったりすることが多いが、適度な刺激によって左手を引き込みすぎることなく、繰り返し上下に動かすことができるようになった。

図工の授業などで素材に触れるときも同じような腕の動きをするようになったが、iPadのときのほうが腕の動きが大きく、動かし方も滑らかで長時間続いた。

② 手の動きにパターンがあることがわかった

手の甲で画面に触れる→上下の動きで画面に触れる→手のひらで画面に触れる、と変わっていく。

③ 横にいる担任が「上手」と口頭でほめたときに笑顔になるようになった

Uくんは単にiPadに触ることが楽しいのではなく、第三者と楽しさを共感できるようになったようである。ほめられることに対して笑顔や声で返すようになった。

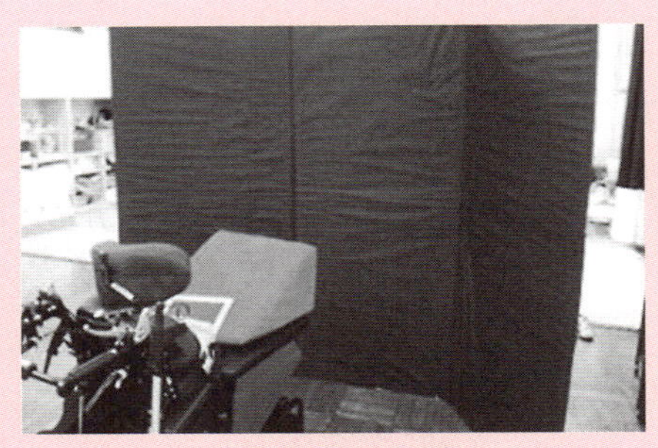

〈写真1〉黒い仕切り板

〈写真2〉三角マットで操作しやすい角度を作る

実践における子どもの成長を客観的に知り、表出の機会を増やす

STEP 3 音でどこまで理解しているかについて検証する

指導のポイント

タブレットPCを使った活動における条件を変え、好きなもの・嫌いなものを明確にする。

子どもの様子

Uくんは、聴覚を使って楽しんだり、状況を判断していたりするようだった。そこで、iPadの活動に取り組んでいるときにほかの刺激を加えることによって、アプリをどう楽しんでいるかを確認することにした（表）。

〈表〉

	音	感触	操作	表出
普段	○	○	○	○
紙を画面に置く	○	×	○	○
布を画面に置く	×	×	×	×
そっと引き抜く	×	×	×	×

① 画面に紙を置いたらどうするか？

感触は変わるが、音は出るという状態で、Uくんは、変わらず操作をし続けた。感触の変化には気づいた様子を見せるものの、手の動きは止まらず音を鳴らし続けた。

② 画面に布を置いたらどうするか？

感触が変わり、音も出なくなると、Uくんの手の動きが段々少なくなって緊張が入り、歯ぎしりをした。歯ぎしりは不快を表す表現方法の一つである。

③ 活動中にiPadをそっと引き抜いてみたらどうするか？

Uくんは、少し手を動かしたあと、すぐに動かさなくなった。

画面や感触が変わっても反応は変わらず楽しんでいたのに、音がなくなると、楽しめなくなることがわかった。さらに、教師が代わりに音を鳴らしてみたのだが、そうすると笑顔は出なくなった。

このことから、Uくんは自分が操作することで楽しさを感じており、iPadの手触りや視覚的に楽しんでいるというよりも、聴覚を使って音色を楽しんでいることを確認することができた。

STEP 4 教材にバリエーションを増やすことで、本人の意思表示も増やす

指導のポイント

- （その後、6年になってからも）実施時間帯や環境は変えずに、STEP1の触れると音が鳴るアプリに継続して取り組んだ。
- さらに、画面に触れると音色も画面も変化するアプリも使用した。

実際に使ったのはコレ！

アプリ Cause and Effect Sensory Light Box
デベロッパ：Cognable

アプリ Baby Busシリーズ
デベロッパ：BABYBUS Co., LIMITED

アプリ iLove Fireworks Lite
デベロッパ：Fireworks Games

子どもの様子

Uくんはそれらのアプリに取り組む中で、やり取りに意思を感じることが増えてきた。

受け取る側の読み取り方次第という側面はあるものの、前後の流れを見て、Uくんの意志を感じられる表出が増えてきたのである。とにかくよく笑うようになり、特に人に声をかけられたときの笑顔が増えていった。

言葉かけに対して声や笑顔、歯ぎしりで応えることが増え、担任以外にもわかりやすい表出が見られるようになった。

STEP 5 アプリを使うときの環境の変化による対応を考える

指導のポイント

アプリに取り組んでいる際に教師が隠れたときの様子を画像で記録し、保存していった。

実際に使ったのはコレ！

有料ソフト OAK Cam
デベロッパ：テクノツール株式会社
- 脳性まひや脊髄性筋萎縮症などにより重度の障害がある人の体の動きを検出し、観察できる。

アプリ 瞬間日記 デベロッパ：Utagoe Inc.
- 日記アプリ。メモを時刻とともに記録する。

子どもの様子

Uくんがアプリを操作しているときに教師が離れると、Uくんはアプリの操作を止め、身体に緊張が入って足や頭が動いたり、声を出して人を呼んだりするような表出が見られるようになった。再び教師が戻ると、静かになり足の動きは収まった。

そこで、教師がいない（隠れた）ときと一緒にいるときの様子を比較してみると、担任が隠れている

ときに足の動きが大きくなっていることがわかった（図）。

動画撮影時の記録（メモ内容）や、「OAK」を用いての画像の比較・検証を行ったが、同じような動きの変化が見られたこと、日やアプリを変えても結果が同じだったことから、人が離れると足と頭の動きが多くなることは確かだと言える。

人に注目されたり共感できる人が近くにいたりしたほうが、落ち着いてアプリに楽しんで取り組むことができるUくんにとって、人が離れるということは、注目されることや安心感がなくなり、その不安を訴えるために外界への発信が増えて身体の動きが出てくるのではないかと考えられる。

もちろん身体に緊張が入ったり痰が上がってきたりして苦しいから身体を動かすなど、ほかにも考えられる要因があるので、そのときどきで全身の状態を確認し判断していく必要がある。

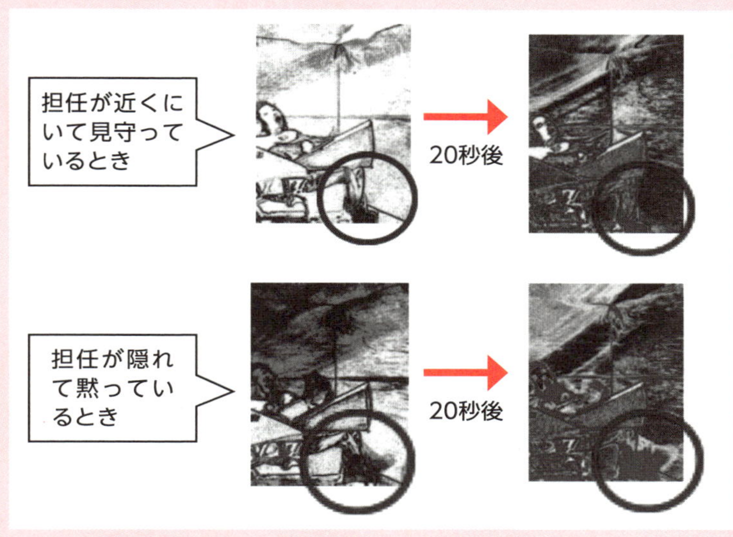

〈図〉動きのない所は白く、動きがあった部分は青→黄→赤と変化していく。
赤い部分ほど動きが多い

実践を振り返って ～「気持ちを共有できている」という実感～

Uくんのタブレット PCとの出会いの場面を見て、私は大きな驚きと可能性を感じたことを今でもよく覚えている。実践の中で、はじめは遊びでもいい、でもそこからどう学習につなげていくかが大切だと感じた。遊びも目的をもってひと工夫することで、立派な学習になるのだと、あらためて気づくことができた。

Uくんと一緒に笑い合えるなど、気持ちを共有できていると実感できた時間が増えたことがとてもうれしかった。毎日全力で応えてくれ、伝えようとしてくれたUくんが、これからも人とのつながりを楽しみ、自信をもって活躍の場を増やしていけることを願っている。

読み・書き
生活
コミュニケーション

㉑ 少ない表出から「意思を共有する方法」を探る

重度重複障害　思いの共有
知的障害　発語なし
小学部６年男子

実践者●佐野将大　香川県立高松養護学校

子どもの実態　表出される姿から思いを共有することが難しいVくん

Vくんは、脳室周囲白質軟化症と診断されている小学部6年の男の子。重度の知的障害があり、発語はない。何かに手を伸ばしてつかむ、視線を向けてじっと見る、などの目的を伴う行動は見られない。自力で座ることはできないため、車いすにいるか床に寝た状態で過ごしており、体を揺らしていたり唇を触ったりするなどの自己刺激的な行動をしながら過ごしている。

支援者に明確に伝わる手段をもたないVくんなので、周りの支援者はVくんの表現について共通理解したいと願いつつも、手だてをもつことが難しい。具体的には、①Vくんがどのような反応をしているのかをしっかりと説明する自信がない、②明確な反応があったとしても、それが何に関係して起こっているのかについても説明できない、という状況にあった。

この２つの問題をクリアできれば、Vくんの思いを共有することができると仮定して、ICTを用いてVくんの反応を観察・整理し、どのように読み取ればよいのかを検討することにした。

指導目標の設定

目標1　そのときそのときに子どもの気持ちに応じられるコミュニケーションの成立

目標2　睡眠の質の改善を目指す

そのときそのときに子どもの気持ちに応じられるコミュニケーションの成立

STEP 1 Vくんはどのように表出（反応）しているのかを観察する

指導のポイント

子どもの反応を観察する際に観察項目を具体的に絞っておく。

【観察のポイント】
- 何も話しかけず一人で過ごしているとき（比較の基準にする）
- 目隠しや鏡など、見えるものが変化する働きかけをしたとき
- 話しかけたりタブレットPCの音を聞かせたりなど、聞こえるものが変化する働きかけをしたとき
- 体をさわったりマッサージ機を体験したりなど、体で感じるものが変化する働きかけをしたとき
- ジュースを飲む、においをかぐなどの働きかけをしたとき
- 人が近づく、遠ざかるなどの働きかけをしたとき

実際に使ったのはコレ！

有料ソフト OAK Cam
デベロッパ：テクノツール株式会社

- カメラ機能を使った観察のためのソフトウェア。
- 画面の中で子どもが動くと、動いた分だけ、紫→緑→赤というように色で示してくれる。
- ソフトをダウンロードしてから利用。

子どもの様子

週に1時間の自立活動の時間に「OAK」というソフトウェアを使ってVくんの体の動きを観察した（写真）。

すると、〈図1〉のように普段は体を揺らして過ごしているが、活動によって〈図2〉のように体の動きを減らしていたことがわかった。そしてその逆に、体の動きを増やしたり、もしくは体の一部の動きだけを増やしたり、または、普段と変わらなかったりする活動があることもわかった。

Vくんは、体の動きの変化で表現することができているようだった。

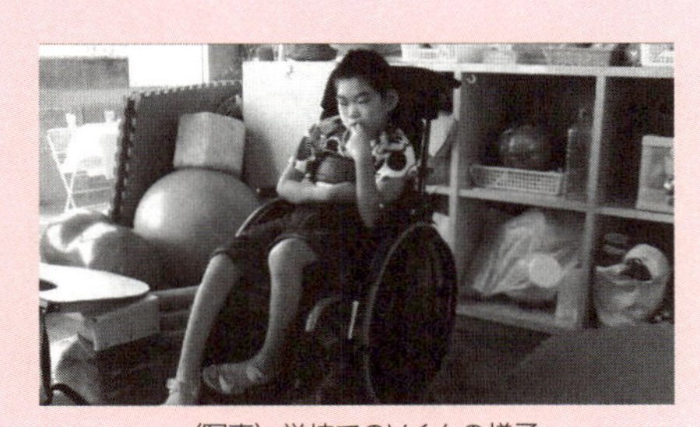

〈写真〉学校でのVくんの様子

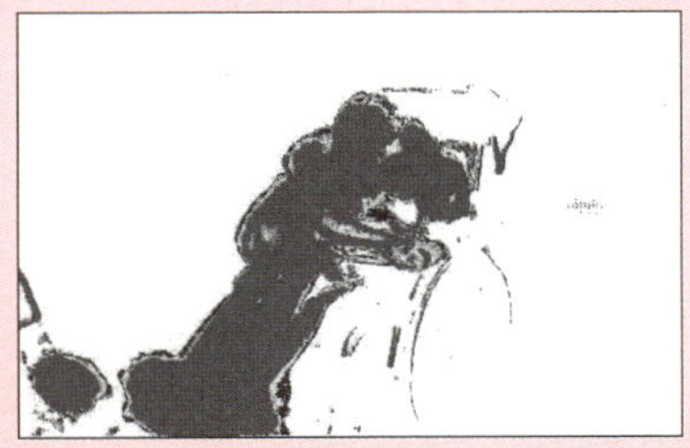

〈図1〉普段どおり体を揺らす

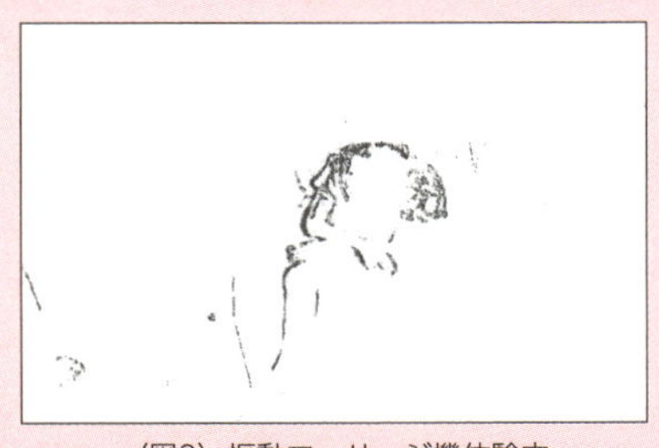

〈図2〉振動マッサージ機体験中

STEP 2 何に対して表出（反応）をしているのかを整理する

Vくんが、自分の周りの変化に対応して、体の動きを増やしたり減らしたりすることができるという発見があったので、それが何に関係して起きているのかということがよりわかれば、Vくんのことをもっと理解できるだろうと考えた。

指導のポイント

- **周りの変化と子どもの反応の相関関係を調べる。**
- **反応を整理するための項目を事前に決めておく。**

【反応を整理する観点】

- 一度だけの反応ではなく、何回か繰り返して見ることができる反応であるかどうか。
- 同じ活動に対してであっても、そのときの気持ちによって反応が異なるかもしれないので、あくまでそのときの体の動きを観察する。

子どもの様子

このように観察していくと、次のような様子が見られた（表1）。

- 手のひらをトントンとさわるようにすると、その刺激を受け止めて体の動きを小さくさせたり、ときには手を払いのけたりすることがあるのだが、足へのタッピングに対しては体の動きに変化が見られないことが多い。
- 「きらきらモール」にはあまり反応しないが、鏡を提示すると全身の動きを少なくしてよく見ている。
- 新聞紙を耳元でガサガサさせても反応がなかったが、耳元で話しかけるとよく聞いているようで動きが小さくなっている。
- タブレットPCのいろいろなアプリの音と比べてみても、とあるシロフォンの音はよく聞いているようで、体の動きが止まっている。
- 太鼓を小さく鳴らしているときには体の動きを少なくさせ、聞いていたように見えたが、しだいに大きくしていくと、その刺激を自ら遮るように全身の動きが増えた。

……Vくんのいろいろな声が聞こえるようだった。

動きが減った	動きが減って一部の動きが出た	変わらない	全身の動きが増えた
背中へのマッサージ機の振動			
左手のひらへのタッピング		足へのタッピング	
鏡	鏡を動かしたとき	きらきらモール	
耳元での話しかけ		新聞紙のガサガサ音	
タブレットPCのシロフォンの音	タブレットPCのシロフォンを触るとき		
太鼓の音（小）			太鼓の音（大）

〈表1〉複数見られたVくんの反応を整理する

目標2 睡眠の質の改善を目指す

Vくんの保護者から1か月に何度かVくんは夜に眠ることができず、体調や生活リズムを崩してしまうのだという相談があった。これまでの取り組みから、Vくんが敏感に周りの活動に対して反応しながら過ごしている、ということはわかっている。

そこで、刺激や環境を整えて、睡眠の質が向上すれば、眠ることができずに過ごしてしまうことが少しでも減るのではないかと考えた。

STEP 3 保護者に睡眠の質を記録してもらう

保護者には、特に寝る前の刺激を減らした生活を実施してもらうと同時に、睡眠の質を測定するアプリをVくんが寝るときに枕元にセットして、睡眠の質を測定してもらうことにした。

指導のポイント

保護者に協力をお願いするときには、なるべく負担がかからないように、明確でシンプルな作業を依頼する。

実際に使ったのはコレ！

アプリ Sleep Cycle alarm clock
デベロッパ：Northcube AB

・センサーやマイクを使って、睡眠の質を測定することができる。

子どもの様子

このアプリでは「睡眠メモ」という機能を活用した。これは、事前にチェック項目を作っておき、寝る前にその日に応じた項目に印をつけることで、次の日の朝にはそれがどう睡眠の質に影響を与えたかを教えてくれる。

Vくんの保護者と懇談し、毎日起こることではなく、ときどき起こることをメモすることにした。例えば、いつも寝る前に水分をとっているなら、「水分をとらなかった」ということをメモする（表2）。

2か月間測定してもらうと、体調不良に関係する項目以外に「夜更かし」「外食」「風呂なし」が睡眠の質を低下させていることがわかった。

そこで、保護者と懇談の機会を設けたところ、たまには家族みんなで余暇を楽しもうとしていることが、Vくんにとっては負担につながっているのかもしれないということになった。そこで、早めの時間に就寝場所に移動して様子を見てもらうことにした。すると、しばらくの期間、「夜眠ることができない」ということが激減した。

睡眠メモ「ときどき起こること」
夜更かし、風呂なし、お茶なし
外食、外泊、福祉サービスでの外泊明け
発熱、食欲不振
手足のマッサージ、アイスノン、ホットミルク　など

〈表2〉Vくんのチェック項目

読み・書き
生活
コミュニケーション

STEP 4 ベッドを変えながら、寝てみてもらう

指導のポイント

・保護者に協力をお願いした場合は、必ず結果を共有する。
・協力により子どもにどんなよい影響があったかを伝えるようにするとよい。

子どもの様子

あるとき、保護者からベッドの買い替えを検討しているという話があった。これはチャンスと思い、3つの寝る環境（①敷布団　②今のベッド　③新しいベッド）を準備し、比較してもらうことにした。

保護者に1か月ごとに寝る環境を変えてもらい、その様子を「Sleep Cycle alarm clock」で測定したところ、6か月後の結果は、新しいベッドは少しだけ快眠度を向上させているということがわかった。

実践を振り返って ～「反応」を正確に読み取る経緯～

以下に実践後の保護者の感想を紹介する。

●以前は親として大切だと思うことが中心だったのだろうか。もちろん、子どもの声は聞いてやりたいという思いはあったが、具体的な方法がわからなかったということなのかもしれない。これまでは、夜更かしをしていても、家族で外出をしていても、家族で一緒に過ごすという気持ちのあまり、Vの体調までは気がつかなかった。でも、疲れがたまることでもあるとわかった今は、できるだけ疲れが取れるようにしてあげたいし、無理なときには、次の日に調整できないかと考えるようになった。毎朝、タブレットPCの画面を見るのは楽しい。子どもの声のように感じるから。

●外に意識を向けているときに、体の動きが少なくなっているという、目に見える反応を見つけられたことを、家族で喜んだ。実は、これまで私のことを親としてちゃんと認識できているのだろうか、私のことをこの子は求めているんだろうかと不安になることがあった。でも、私が畑仕事をしていて、家の外から家の中にいるVに声をかけたときにピタッと止まっていたり、私が部屋に入ると動きを止めて様子をうかがうようにしていたり、Vが外泊サービスから帰宅するとしばらく部屋の様子をうかがうように少し顔を上げて止まっていたりするのを見ると、うれしく思う。私や家のことを意識できているのかなって感じるから。

この実践は、明確な表現をもたないVくんの「反応」を正確に読み取ろうとして、保護者とその経緯を共有し、少しでも生活に届けることを目指した取り組みである。

Vくんと保護者のもとに、どれほど届いたのだろうか。

㉒ 家族と離れて暮らす子が動画のやり取りで安心感を得る

遠隔コミュニケーション　病弱　特別支援学校　ネガティブ　人間関係作り　学習意欲　動画　ボイスメッセージ　小学部

実践者●赤嶺太亮
沖縄県立大平特別支援学校
元・沖縄県立那覇特別支援学校

子どもの実態　寂しさや不安から気持ちが不安定になるWくん

Wくん（小学部１年）は脳性まひがあり、幼いころから学校に隣接した施設に入所していて、家族と離れて生活する寂しさや不安を抱えていた。

Wくんの気持ちは不安定でデリケート。嫌なことや思い通りにいかないことがあると極端に落ち込み、それが学習意欲や先生・友だちとの関わりに影響することも多かった。

また、「明日は受診だからお休みします（本当は学校に行きたい）」など、気持ちとは逆のことを言うことがあった。特に、こうした言動の多くは、自宅への外泊後に多く見られた。

指導目標の設定　Wくんの寂しさや不安を和らげることがまず重要だと考えた。それは、これから長く過ごしていく学校や施設内での人間関係作り、学習意欲向上の基盤になるものである。

目標 1　メールやテレビ電話を用いて、Wくんと家族が日常的にやり取りを行えるようにする

メールやテレビ電話を用いて、Wくんと家族が日常的にやり取りを行えるようにする

STEP 1 家族とメールで音声や画像のやり取りができるようにする

Wくんは視知覚にも困難さがあった。そのため、家族からきたメールを読むことが難しかった。

また、タブレットPCの画面をタップしての文字入力に取り組むと、「難しい。タップしたい文字がどこにあるか探せない」という言葉があった。音声入力も試したが、Wくんの発する言葉がうまく処理されず誤変換が多いことがわかった。

そこで、録音した音声や画像、動画を「メールに添付」して送り合うことにした。

指導のポイント

・ボイスメールは、「直接、お互いの声を聞くことができる」「声を蓄積し、いつでも聞き返すことができる」という点がよい。

実際に使ったのはコレ！

アプリ 録音Pro（現在は別ver.）

デベロッパ：Lin Fei

・録音フォーマットをMP3やWAVなど９種類から選ぶことができ、そのままメールに添付して送信することができる。

子どもの様子

操作のしやすさ、画面のレイアウトの見やすさという観点からアプリを選定した。Wくんの障害の特性からくる文字を読むということへの負担を解消することにより、Wくんからは、「これなら簡単だね！」という言葉が聞かれた。「今日の出来事をアプリで録音→データをメールに添付→家族に送信」の一連の流れも、簡単な操作ですぐボイスメールを送ることができた。

昼食前に「お楽しみタイム」と称して、週３～５回のペースで家族にボイスメールを送り、昼食後に返信されたボイスメールを確認できるようにした。

当初、Wくんはメールでやり取りするということがどういうことか理解できていなかったが、家族とメールをしていく中で「離れてるけど声が聞けるね！ 楽しい！」という発言が聞かれるようになった（写真1）。

〈写真1〉家族とボイスメールをやり取りする

「お楽しみタイム」にメールができるとわかっているWくんは、学習中に「写真撮ってください！ 家族に写真送るから！」など、メールを楽しみにしているようであった。また、休み時間になると、送られてきたデータの中からお気に入りのボイスメールを自分で聞いて、先生や友だちに自慢する姿がよく見られた（写真2）。

〈写真2〉休み時間にボイスメールを聞く

STEP 2 テレビ電話で顔を見ながら話せるようにする

「今日はこんなことがあったんだよ！」と、家族と互いに１日の出来事を楽しく報告し合う、そのようなやり取りが施設に入所しているWくんには難しかった。そこで、下校前に家族とテレビ電話ができる環境を整え、お互いの１日の出来事を伝え合えるようにした。

指導のポイント

テレビ電話の利点は、「直接顔を合わせて会話ができる」「コード、カメラ、マイクの準備の必要がなく携帯電話のような感覚で使うことができる」という点であった。

実際に使ったのはコレ！

アプリ FaceTime
デベロッパ：Apple

・相手がiPhoneやiPadであれば、特別にアプリをインストールしなくても音声通話、ビデオ通話ができる。

子どもの様子

子どもは「今日描いた作品をお母さんに見てもらったら喜ぶかな！」と期待感をもったり、嫌な出来事があれば家族に話を聞いてもらいたと思ったりすることがあるはずである。Wくんにもそのような経験をたくさんしてほしい、離れていても思いはつながる、家族もWくんのことを思っているということを実感してほしかった。

そのため、学校では下校前に「FaceTime」を使って家族と会話ができるようにした。ほぼ毎日、

例①
Wくん「あれ？ 日焼けしてる？ 外に出たの？」
家　族「わかる？ 今日は畑に行ったのよ！」

例②
Wくん「今日のプールは、怖かった。頑張った！」
家　族「すごいね！ えらい！ 明日は何があるの？」

会話の例

自分の描いた作品を見せたり、頑張ったことを楽しそうに報告したりする姿が見られた（写真3）。

「FaceTime」の直後に、家族に送ったボイスメールには、家族とつながる喜びが表現されていた（写真4）。

このような取り組みを続ける中で、「明日の行事は誰も来ません（本当は来てほしい）」といったネガティブな発言が少なくなり、「次の行事にお母さん来てほしいな！メールで聞いてみる！」といった発言がよく聞かれるようになった。

〈写真３〉FaceTimeでの会話を楽しむ

ばあばあ、電話、顔が見れてよかったね。楽しいね！
学校は、きびしいんだけど、頑張るよ！ 終わり。

〈写真4〉FaceTimeの直後に送ったボイスメールの内容

STEP 3 SNSを自分で活用できるようにする

指導のポイント

「メールより気軽に送ることができる」「吹き出しで描かれているため、やり取りしているような感覚が得られやすい」という点からアプリを選択した。

実際に使ったのはコレ！

アプリ Bytalk for school
デベロッパ：Bait Al-Hikma Co.,Ltd.

・文章、画像、動画、ボイスメッセージ、スタンプなどでやり取りすることができる。

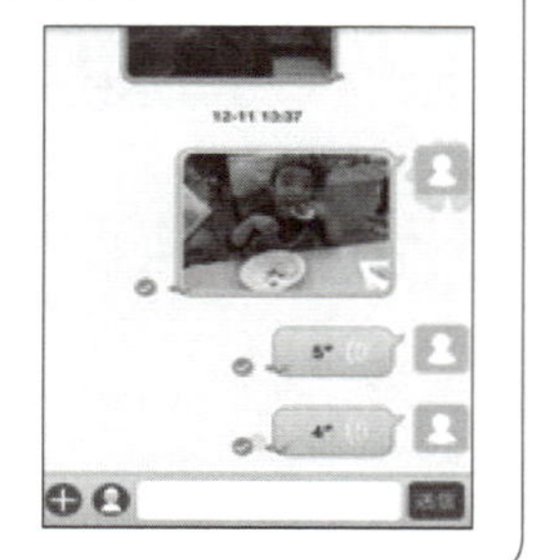

子どもの様子

教室では、Wくんの机に常にタブレットPCを固定していたため、休み時間などに、Wくんはよく「あっ、今日作ったホットケーキのこと送ろうかな」などと思いついて気軽に家族に連絡することができた。

STEP 4 家族に機器やアプリの操作方法を説明する

本人だけでなく、家族にも同様にタブレットPCの基本操作やWくんとやり取りするために必要なアプリの操作方法などについて、説明した。

指導のポイント

家族の負担にならないように、「学校に来る機会に合わせて」「一度に多くのことを説明しすぎない」などに気をつけながら適宜支援を行う。

実践を振り返って

～「離れていても思いはつながる！」と感じられる安心感～

不安や寂しさからくるネガティブな発言、例えば「今日はお家に帰りません（本当は帰りたい）」といった発言の回数が、メールや「FaceTime」の開始と共に減少していった（図）。

これは、家族間との日常的なやり取りを通して不安や寂しさが少しずつ和らぎ、いつでも思いはつながっているという安心感が得られた結果ではないだろうか。特に、顔を見ながらテスト結果や作品を見た家族からコメントをもらう、「今日の表情はいいね。元気そう！」といった声かけがあるなどによって、先生や友だちとの関わりで嫌なことがあっても極端に落ち込むことが少なくなり、学習にも意欲的に取り組めるようになった。

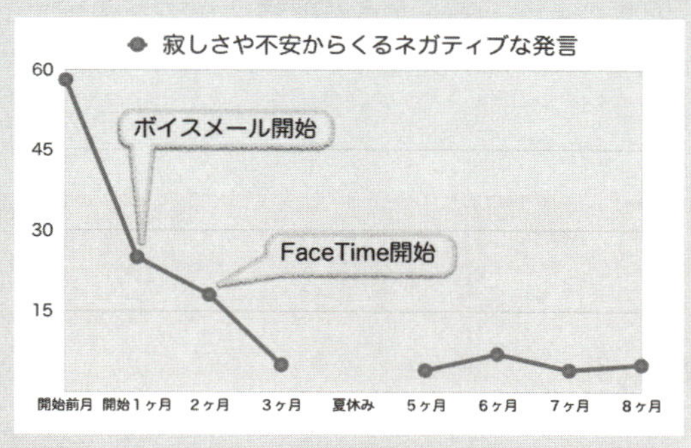

〈図〉ネガティブ発言の回数

㉓ 伝えたいことを伝えられない困り感への対応

自己肯定感　活動参加
自主性　見通しをもつ
小学部４年男子　自己表現

実践者●日置節子　大阪府立寝屋川支援学校

子どもの実態　伝えたいことを伝えられず、苦手な活動を拒否するXくん

小学部４年のXくんは、教師や友だちと関わることが好きな、人懐こい子どもだ。にこやかな表情で教師の側に来て、「あんなー」と切り出しながら、自分の経験したことや、要求を伝えようとした。

しかし、やり取りは続かなかった。教師から、「どこで○○したの？」「○○って何のこと？」などと質問をされると、無言になったり、その場からすっと離れたりすることも多かった。そのような様子からXくんには、「言葉が思い浮かばず、伝えたいことを伝えられない」という困り感があると推察された。

また、いろいろな活動に積極的に取り組むことができるXくんだったが、「一度苦手と感じたことへの拒否の気持ち」は、とても強かった。Xくんは特に苦手を感じている活動が２つあった。１つは、「和太鼓」をたたいたり聞いたりすること、もう１つは「人前で話すこと」である。

指導目標の設定

私は、Xくんに、苦手な活動にも落ち着いて参加し、チャレンジできた自分を肯定的に捉えることができるように、また、「頑張ったこと」「楽しかったこと」「やり遂げたこと」などを振り返りながら、より詳しく状況を表す言葉を盛り込んで話すことができるようになってもらいたいと考えた。

目標１　苦手な活動への取り組みに、見通しをもてるようにする

目標２　コミュニケーションの手段を手に入れる

苦手な活動への取り組みに、見通しをもてるようにする

STEP 1 動画で自分を振り返ろう

指導のポイント

- 苦手な活動にゲーム性を取り入れる。
- うまくできている自分の動画を見せて、自信をつけさせる。

子どもの様子

取り組み以前からXくんは、画像などで、「映し出された自分や身近な人」の姿を興味深く見ることがあった。「これは○○くん」などと画像について話したり、画像の中に出てくる言葉づかいをまねしたりする様子が見られていた。画像からイメージしたことを言葉にすることができていたと思われる。

そこで、日常場面での画像を活用することで、Xくんが、見通しをもったり、自分の姿を客観視したりできるのではと考えた。

取り組み当初は、いろいろな授業でのXくんの様子を担任が動画で撮影して、一緒に見返すことから始めた。

〈写真1〉自分で和太鼓をたたこうとするXくん

和太鼓の取り組みは、Xくんの苦手に配慮して、「太鼓をたたいて太鼓の上の人形を落とすゲーム」を導入とした。耳を押さえながら、こわごわだったが、Xくんはそのゲームを楽しむことができた。その後、友だちと一緒に和太鼓をたたく活動を繰り返す中で、少しずつ和太鼓を受け入れられるようになり、自分でたたこうとするようになった（写真1）。

担任に自分が和太鼓を堂々とたたいている様子を動画で見せてもらったXくんは、この動画をとても気に入った。タブレットPCを自ら操作して、繰り返し見返すだけでなく、ほかのクラスの教師たちに、「たいこ見るか？」と言って何度も見せた。また、帰りの会で「たいこですよー」と言って、友だちの前で動画を再生したりもした。タブレットPCを家庭に持ち帰って、自ら保護者と一緒に見返すこともあった。

〈写真2〉いろいろな「自分の頑張る姿」を振り返るXくん

画像を見ることが、「成功した自分の姿を繰り返し確かめること」「たくさんの称賛を受けること」につながった。その後もXくんは、担任が撮影した、いろいろな「自分の頑張る姿」を、タブレットPCで振り返った（写真2）。

目標2 コミュニケーションの手段を手に入れる

STEP 2 写真を撮って、担任や友だちに日々の出来事を伝えよう

指導のポイント

生活場面を写真に撮ることで、誰かに伝えたい気持ちを高める。

子どもの様子

夏休みに、保護者の協力を得て、「出来事の写真を撮る」という宿題に取り組んだ。写真の撮り方を、タブレットPCに触れる経験の中で習得していたXくんは、お母さんと一緒に外出時の様子を撮影して、2学期の初めに見せてくれた。

そのころから、毎週末に家庭に持ち帰るようになったタブレットPCで、Xくんは、自分の気になるもの、担任や友だちに見せたいものをたくさん写真に撮ってくるようになった（写真3）。

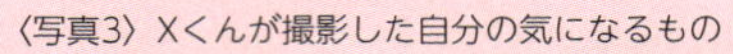

〈写真3〉Xくんが撮影した自分の気になるもの

家のゲーム

線路の黄色い線

猫

指導のポイント

写真により、自分の伝えたいことを補うことができる経験をさせる。

子どもの様子

私は、Xくんが撮影してきた写真を一緒に見ながら、写真を介してやり取りをするようにした。写真があることで、Xくんが話す内容や、私からのXくんへの質問内容が広がった（写真4）。

このころのXくんにとって、写真が、伝えることを補う役割を担っていたことがよくわかるエピソードがある。

ある日、Xくんが急に話しかけてきた。「あんな、くるく

〈写真4〉「ここは車が回るところ」

るあるねん」と話したXくん。

Xくんが伝えたいことがわからず、「くるくるってなに？」と私が聞き返すと、答えに困ったのかXくんはその場をさっと離れてしまった。

何日か過ぎたある日、Xくんは、タブレットPCの写真を見せながら話しかけてきた（写真5）。

そのときのやり取りは、このような内容だった。

Xくん「これがくるくるやで。回るねん。おじいちゃんちにある」

担 任「そうか、天井にあるんだね」

Xくん「そう、高いとこ、電気つくねん」

担 任「おしゃれね、送風機だね」

Xくんはうれしそうに話した。

〈写真5〉「くるくる」の写真

STEP 3 クラス全体に、自分の興味をもったことを伝える

指導のポイント

- **写真や動画を介して友だちとの関わりを広げる。**
- **友だちと関わる自分の姿を動画で振り返り、自信をつける。**

子どもの様子

幼虫を育てることに興味をもっていたXくんは、幼虫を飼育箱から取り出して観察するのが日課だった。友だちに「○○くん、さわってみて、大丈夫、大丈夫」と、幼虫を見せている自分の姿が映った動画も気に入り、繰り返し見返した。

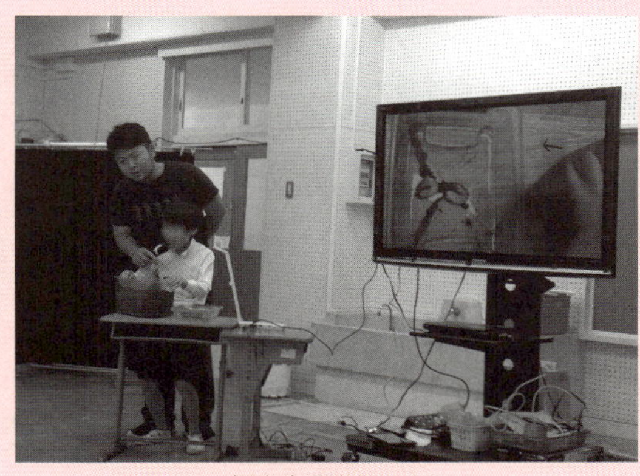

〈写真6〉発表するXくん

ちょうどそのころ、Xくんに2学年全員の前で、好きなことを発表するという機会が訪れた。苦手な人前での発表を嫌がる様子もなく、Xくんは自信をもって、「幼虫を発表する！」と決めた。

発表当日は、大勢の友だちの前で飼育箱から幼虫を取り出し、「これが幼虫です。6匹います。さわってみたい人いますか？」と元気に発表した（写真6）。

興味をもっていることを、友だちに勧める自分の姿を、Xくん自身が画像で振り返ることで、自信をもつことができたと感じるエピソードだった。

担任や自分が撮影したいろいろな画像で日々のクラスの様子を振り返る中で、Xくんは、「友だちが映る動画」にも興味を広げていった。また、Xくんが撮影する画像の中に、友だちの様子が被写体となる機会も増えていった。

実践を振り返って ～画像は言葉を補うメッセージ～

Xくんは、タブレットPCの「画像（動画・写真）」を以下の方法で活用した。

①記憶を喚起する手段
②自分を捉え直す手段
③伝えたいことを伝える手段

これらの手段が支えとなって、Xくんと関わる人との間に楽しいコミュニケーションが生まれたり、Xくんが称賛を受ける機会が生まれたりした。それらの経験が、Xくんが自分を肯定的に捉えることにつながったと感じている。

子どもが自ら撮影し、相手に見せようとする「画像」は、「言葉」同様、その子にとっての「伝えたいこと」、そのものであった。また、見せられる画像から、子どもが理解するイメージは、「言葉」同様、相手から「伝えられること」であり、友だちとの関わりを広げてくれた。画像は、言葉だけでは伝え合うことが難しい事がらを視覚的にも音声的にも情報を補って伝えるツールになる。

現在、６年のXくんは、児童会役員をしている。最近では、運動会の閉会式で、全校児童生徒・保護者が見守る中、堂々としたあいさつをした。

自分への自信が積み重なっていることを感じる、Xくんの頼もしい姿だった。

㉔ 得意な活動で自己肯定感を高める

自己肯定感　防災　活動参加　自主性　ヘルプカード　帰宅訓練　自己理解　特別支援学校

実践者●押塚雄史　千葉県立東金特別支援学校

子どもの実態　自己肯定感が低いため、活動への参加に消極的なYくん

Yくんは、これまでの失敗経験から自己肯定感が低く、活動への参加に消極的であり、何かをやり遂げた経験が少ない。「嫌だ」「学校やめてやる」などと発言をすることもあった。

また、本校は、地域と連携しながら学校全体でかなり力を入れて「防災」活動に取り組んでいる。Yくんは、防災に関心があり、地域の避難所や危険箇所、事故の多い場所などについてよく知っていた。

自分が好きなことについて話すことは少ないが、話を聞いてもらえるとうれしそうに話を続けることがあった。

本当は自分のことを知ってもらいたいが自信がない。そんな悩みを抱えたYくんが、関心のある「防災」活動の中で活躍し、また「自分」について考えるきっかけになってほしいと考えた。

指導目標の設定

目標1　関心のあるテーマを通して「自分」について考え、客観的な理解を深める

目標2　関心のある学校活動に積極的に参加・活躍し、自己肯定感を高める

目標1 関心のあるテーマを通して「自分」について考え、客観的な理解を深める

STEP 1 防災について学び、「ヘルプカード」を作る

指導のポイント

災害という具体的な場面を設定し、自分自身について記入することにより、自分自身を客観的に見つめるきっかけとする。

実際に使ったのはコレ！

アプリ まもるリュック
デベロッパ：WELFARE AND ART SUPPORT ASSOCIATION

- このアプリは、災害時に必要となる知識や情報を打ち込みながら、防災について学べる。いざとなったときはヘルプカードの代わりにもなる。
- 自分自身について記入する部分もあり「得意なこと」「苦手なこと」「パニックになったとき」など、項目に沿って記入していく。

子どもの様子

自分のことをありのままに伝え、理解してもらうことは、災害時に生き延びるうえで大事な土台となる。「まもるリュック」への記入は国語の時間に行い、定期的に見直しをしていった（写真1）。

導入当初4月に行った際は、Yくんは「苦手なこと」の項目についてはスラスラと記入をしていた。苦手なことに「相手に思いがうまく伝えられない」と素直に記入できたことには驚いた。

苦手なことについてはすぐに書けたYくんだが、「得意なこと」になると一変。手が止まって書けなくなってしまい、「ありません」と言葉で話しただけであった。しかし9月の記入では、この項目に「防災についてよく知っている」「本気でやればできる」ということが書いてある（写真2）。「まもるリュック」の活用は、災害時に必要な知識を得るだけでなく、Yくんが自分自身を見つめる機会にもなっていった。

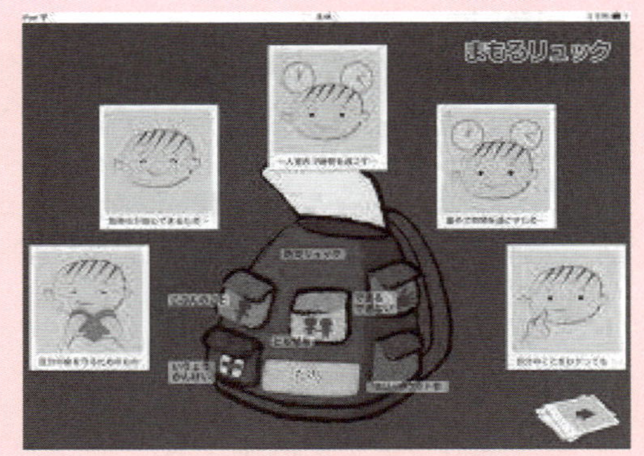

〈写真1〉「まもるリュック」への記入

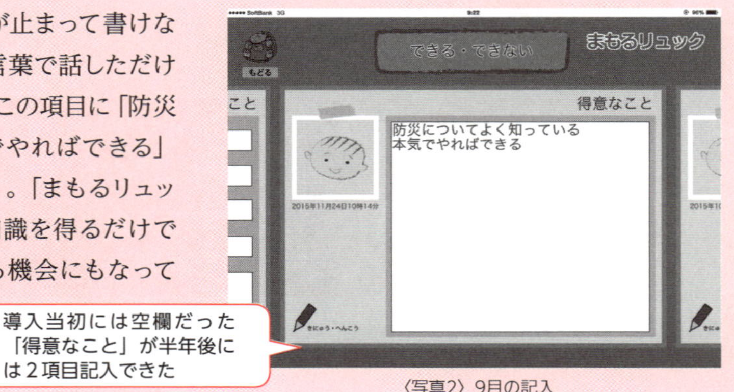

〈写真2〉9月の記入

関心のある学校活動に積極的に参加・活躍し、自己肯定感を高める

STEP 2　地域の防災マップ作りをする

指導のポイント

タブレットPCはその特徴として、
①持ち運びしやすい。
②カメラ機能があり、その場で写真が撮れる。
③GPS機能により、現在地がわかる。
④写真を撮った場所にピンが立つ。
⑤地図アプリでは、撮った写真にメモをつけて地図上に貼ることができる。

これらの機能を使うと、防災マップ作りがしやすい。

実際に使ったのはコレ！

アプリ　地図を長押し簡単メモアプリ　マプモ
デベロッパ：YOSUKE NAKAYAMA

・地図上の地点を長押しするとそこに写真を貼ったり、メモを記入したりできる。

子どもの様子

Yくんは、休日を利用して、知っている避難所や地域の危険箇所に実際に行って、写真を撮り、気づいたことや注意点などのメモを記入していった。夏休み中に、市内のすべての避難所の撮影とメモを終えてきたことには驚かされた。

こうして、撮影とメモを繰り返したことで、自分だけの防災マップが完成した（写真3）。

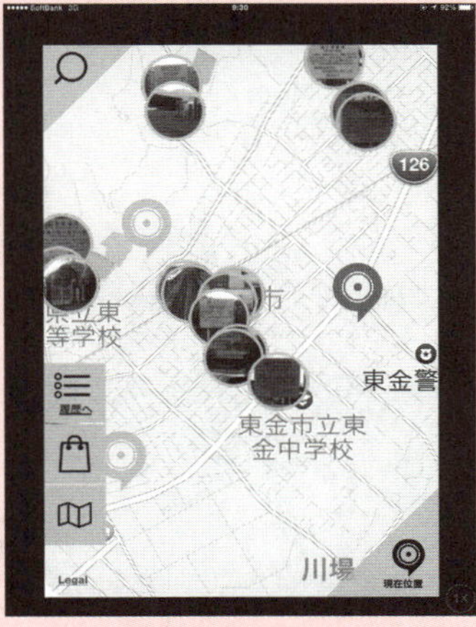

〈写真3〉Yくんの防災マップ

STEP 3 帰宅訓練にマップを生かす

指導のポイント

自分の作ったものを実際に自分で使ってみて、手ごたえを感じてもらう。

子どもの様子

出来上がった防災マップを使って、下校時に「帰宅訓練」を行った（写真4）。下校前に教師が「川の増水に気をつけて帰る」などと、その日の条件を伝え、それに合った下校ルートを自分で見つけて帰宅することを実施した。

地域に不審者情報が流れたときには、自分の防災マップを友だちに見せながら、「このあたりだから気をつけてね」などと言葉をかけるなど、少しずつYくんの様子に変化が見られるようになっていく。

「防災マップをみんなに使ってほしい」「僕のやっていることをみんなは知っていますか？」「大きな防災マップを学校に張りたい」などと発言することが増えていった。

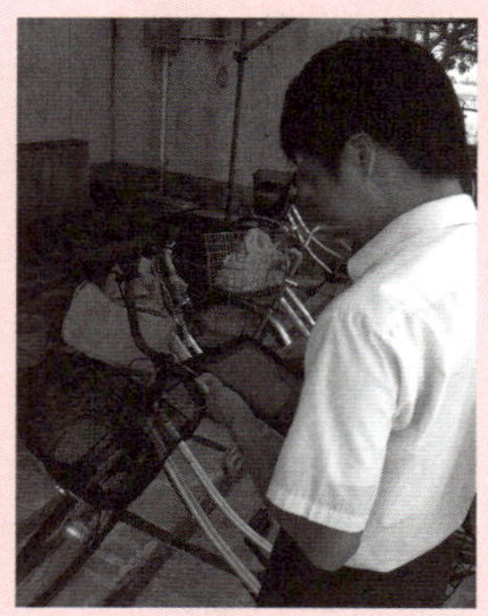

〈写真4〉タブレットPCを使って帰宅訓練

STEP 4 校内掲示用の防災マップ作り

指導のポイント

本人の「みんなの役に立ちたい」という気持ちを大切にする。

子どもの様子

Yくんは、校内掲示用の防災マップ作りを始めた。みんなに見てもらうためには、大きい地図が必要となり、アプリで拡大するだけでは対応できず、模造紙に手作りで行った（写真5）。生徒会とも連携

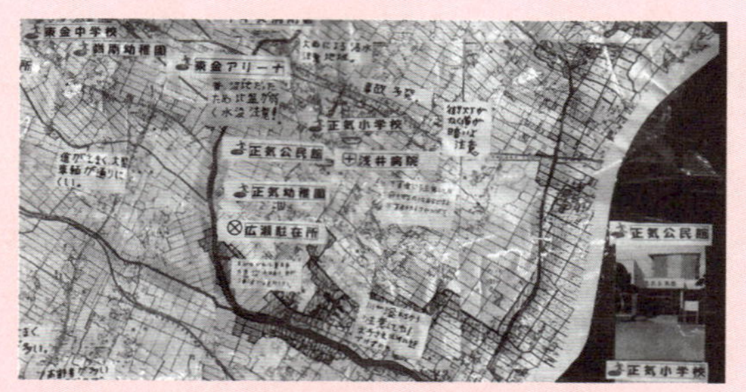

〈写真5〉写真とメモ・GPS機能で「自分だけの防災マップ」を完成

し、Yくんの作成した防災マップと、各箇所のメモを参考にして取り組んだ（写真6）。

〈写真6〉共同制作で自信をつけたYくん

出来上がった掲示用防災マップは、1月に全校集会で発表をした。Yくんにとって、全校児童生徒の前で発表をするという経験は初めてのことだったが、自分の取り組みに自信をもっていたこともあり、堂々と発表をすることができた。

これまで途中で投げ出したり、取り組みに参加できなかったりしていたYくんから「最後まで責任をもってやります」という発言が出たことには、周りの先生方も驚いていた。

実践を振り返って

～得意な活動への周りからの評価が学校生活全体への意欲を生む～

全校集会での発表後に、「まもるリュック」の「得意な項目」の記入が、9月からさらに多くなった。「緊張しないで発表できる」「自分で決めたことはやる」「防災について人に教える」という言葉からは、自信がうかがえる。

〈表〉のように、行動にも変化が表れている。4月当初、気が向かなかったり、自信がなかったりして活動に入れなかった回数が、9月で約半減。発表をした1月には0になっている。また、意識の向上に伴い、学校へ遅刻してくることもなくなっていった。

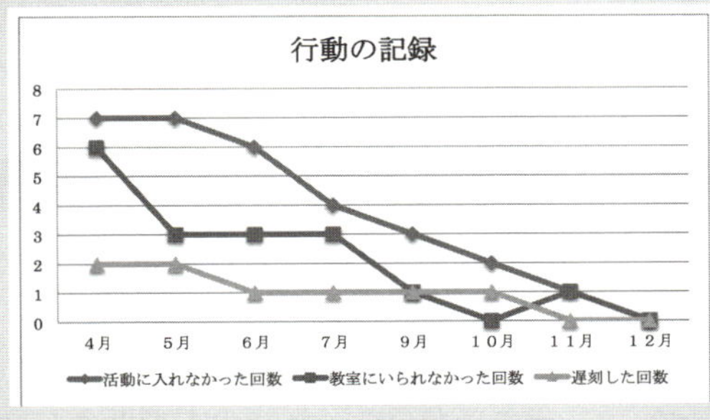

〈表〉行動の記録

〈写真7〉現在も校内に掲示されている模造紙で手作りした防災マップ

読み・書き
生活
コミュニケーション

実践＋(プラス) 2

Pepperのプログラミングを通じて人とつながろう

実践者●岡本崇　大分県立別府支援学校

自己肯定感　他者との関わり　プログラミング　Pepper*

子どもの実態

自己の言動を客観視することが困難なCくん

（詳しくは24ページ実践ケース③参照）

Cくんは、重篤な気分調節不全症・自閉スペクトラム症の診断があり、自己の言動を客観視することは非常に困難であった。そのことが、他者とのコミュニケーションを困難にする要因の一つとなっていた。しかも、他者からの指摘を受け入れにくいという特性もあるため、指導も困難であった。

指導目標の設定

目標1　Pepperのプログラミングを通じて、他者のことを考え、人とつながる。

目標2　成功体験により、意欲をもって活動に参加し、自己有用感を高める。

指導のポイント①

Cくんに、自分の言動によって相手の感情がどのように変化するかに気づいてもらいたいと考えた。

Pepperは、顔識別登録を行うことで、登録した相手を「親しい人」として認識し、その相手と会話をしたり接触されたりすることで感情が変化するという機能を備えている。そして、Pepperの感情の推移は「感情マップ」というアプリを使ってリアルタイムで見ることも可能である（写真1）。

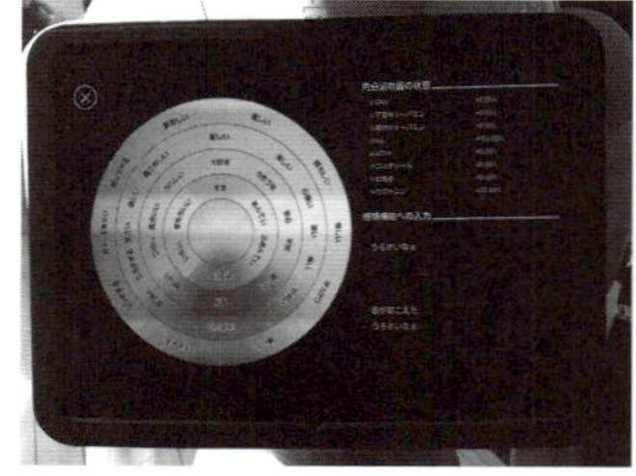

〈写真1〉Pepperの感情マップの推移

Pepperと互いに会話をすることで、どのように相手の感情が変化をするかを可視化した。

指導のポイント②

Cくん自身がPepperの行動をプログラミングし、その動作や発言を見ることで、どのように他者に接することが望ましいか、客観的に理解を深められると考えた。

Pepperの応答や行動などを決定づける「性格づけ」を行い、それに基づいてプログラミングを行った。プログラミングは、次の３つに分類し、それぞれCくんが頭の中で考えている流れを付せんに書き込み、並べていくことで言語化・フロー化した。

*Pepper　社会貢献プログラムを活用し実施しています。

①人間がすること→人間がPepperに対して行う発話など
②Pepperにすること→Pepperの動作を開始するためのトリガーとなる動作
③Pepperがすること→人間からの発話に対するPepperの応答・行動

実際に使ったのはコレ！

アプリ　感情マップ
プログラミング用ソフトウェア　Choregraphe

子どもの様子

Pepperとの対話を行うことで、柔和な表情や優しい口調はPepperに安心感などのポジティブな感情を与え、逆に強い口調や急激な接近・接触は不快感などのネガティブな感情を与えてしまうことを理解した。

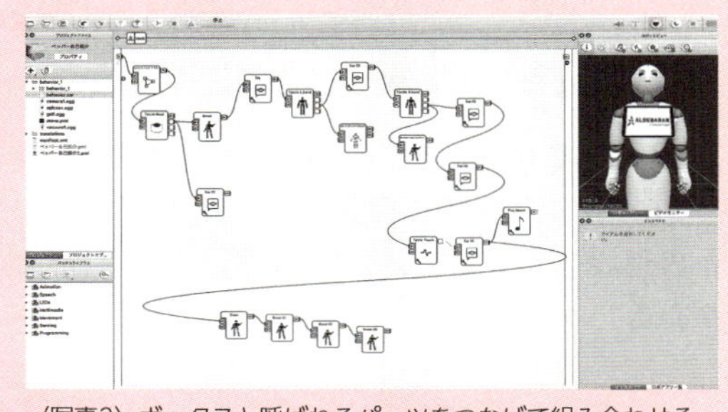
〈写真2〉ボックスと呼ばれるパーツをつなげて組み合わせる

プログラミングでは、Cくんの希望で「楽しいPepper」という性格づけを行い、「相手の顔を見て話す」「大きな声で話す」「きちんとお礼を言う」「楽しい歌やダンスをする」という設定を行うこととした。

Pepperのプログラミング用ソフトウェア「Choregraphe」でプログラミングを行っていった。Choregrapheは、ボックスと呼ばれるパーツをつなげて組み合わせることで、言葉や動作などを容易にPepperに実行させることができる（写真2）。

付せんに記入した順番にChoregrapheのボックスを配置し、Pepperが意図した通りの会話や行動ができるように試行錯誤して、考えた通りの性格のPepperにすることができた。

実践を振り返って　～全校集会で自信をつけ、他者との関わりの質を高めるきっかけに～

Cくんにとってロボットでとの関わりは、人間よりもずっとストレスが少ないものであった。そのため、Pepperとの関わりを通じて、相手によい印象を与える発言や行動を理解することができた。

また、プログラミングでは、Pepperが校長を相手に会話をするプログラムを作り、全校集会で披露した（写真3）。それを見たすべての人が笑顔になっていることに気づき、自分のプログラムしたPepperの「性格」が受け入れられたことに大きな自信をもった。

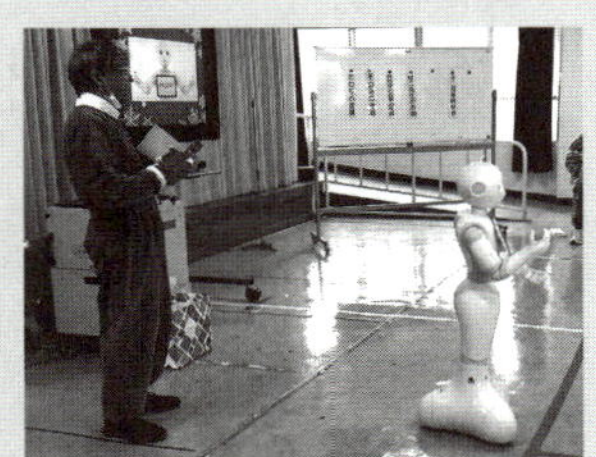
〈写真3〉全校集会でみんなが笑顔に

また、「できる」「認められる」経験の積み重ねで自己有用感が高まり、拒絶感を示していた集団への参加に向かう意欲にもつながった。このようにして学んだことは実際の生活場面にも反映することができ、Cくんの他者との関わりの質を大きく向上させた。

読み・書き
生活
コミュニケーション

実践＋（プラス）3

Pepperと実現可能なプログラミングを目指す

実践者●青木高光　長野県立稲荷山養護学校

自己肯定感　進路　学習活動の保証　学習意欲　プログラミング　Pepper*

子どもの実態

さまざまな将来の悩みを抱えるZくん

Zくん（高等部2年生）は、肢体不自由のある生徒で、大学や専門学校進学を目指すコースで学習している。ICT機器の導入も早く、日常的にPCやタブレットPCを使って学習に役立てている。工学系の進路を希望しているが、進路先で、学習環境や生活面でのサポートを受けられるかという心配がある。

指導目標の設定

障害を理由に選択肢が狭められることは、将来への不安を高め、自己効力感の低下につながる。そこで、Zくんの得意を生かした学習活動の保障を支援の柱にしようと考えた。

目標 1 自己肯定感、効力感を高めるために、得意なPCやタブレットPCの操作やネット活用を生かして、ロボットプログラミングを行うことにした。

指導のポイント①

まず「『学校で役に立つロボット』とは、どのようなロボットだろう？」という発問を行い、自分たちの生活空間の中で、共に過ごすロボットという視点から考えていくようにした。

さらに、「学校で役に立てるために、どんなプログラミングをすればいいのだろう？」という課題設定をした。それにより、実現可能なプログラミングを目指せるようにした。

〈写真1〉プログラミングを行うZくん

実際に使ったのはコレ！

プログラミング用ソフトウェア　Choregraphe

指導のポイント②

Pepperを軸に、ここ数年で急速に社会や教育現場に浸透してきた先進的な機器に触れ、興味関心を高めるようにした。具体的には、小型マイコンキット、プログラミング可能なブロックセット、水耕栽培機器など、創作意欲をかきたてるような機器を準備した。

*Pepper　社会貢献プログラムを活用し実施しています。

子どもの様子

最初にPepperのプログラミングツール「Choregraphe」を体験したときに、Zくんの口から出たのは「これは、はまる」というひと言であった（写真1）。それまでにもタブレットPCやPC上で「スクラッチ」などの教育用プログラミング環境の体験をしてきたが、そのときにはそのような言葉は出てこなかった。

Zくんがもっとも集中して取り組んだのは、いかにPepperに流ちょうに日本語をしゃべらせるか、という点であった。そのまま文章を打ち込んだだけだと、ややイントネーションがおかしいことがある。そこで、適度にスペースを挿入したり、言葉によってはカタカナで入力したりといった工夫が必要になる。Zくんはその部分の調整に、労をいとわず試行錯誤を行った。自分が狙った通りの口調でPepperが話すと、Zくんは本当にうれしそうであった。

〈写真2〉給食メニューを紹介するPepper

Pepperの技能を生かして、ZくんはPepperに次のような「役割」を果たさせていった。

①毎朝玄関で、今日の給食メニュー紹介（胸部のタブレットPCにメニューの画像表示と、音声での案内）
②作業学習に取り組む高等部生に、休憩時間中に慰労のメッセージ（作業の残り日数の表示と、音声での励ましのメッセージ）
③終業式で校長先生と1学期のまとめの話（校長先生がセンサーに触れると、台本どおりのセリフを発声）

給食メニュー紹介では、小学部・中学部の子の反応を観察して、彼らが喜びそうな言葉に変えたり、聞き取りやすい発音に直したりと、よりよいプログラミングに修正していった（写真2）。

2学期には、学校祭でPepperを活用するという目的に向けて取り組み、当日は、Pepperと参観者とのじゃんけん大会や、Pepperをうまく絡めたお笑い芸で参加者を沸かせた。

実践を振り返って ～Pepperとの出会いがZくんに与えたもの～

この取り組みでは、Zくんがつぶやいた「これは、はまる」という言葉に重要な意味があると筆者は考えている。画面の中だけで事物を操作するようなプログラミングは、ある程度は興味を喚起しても、その後はあまり発展しないことが多いことを、これまでの実践で私は経験している。子どもたちが自発的に追及を始めるのは、プログラミングによって実際に「オリジナルのゲームが作れる」「現実世界の物が動いて役に立つ」といった具体的なアウトプットがある場合である。それがないと、自分の知的な活動の価値を実感しにくいのではないだろうか。

私は、「ロボットにはもっといろんなことができるんじゃないのかな？」と考えて、それ以上のものを作ろうと考える子どもたちをこそ、育てていきたいと考える。Pepperとの出会いは、Zくんの想像力を刺激し、彼のアクティビティを増やし、それによって自分の好きなものを再認識することにつながった。この自己理解の深さは、進路選択や将来の活動に必ず役立つと考えている。

監修　佐藤里美　ソフトバンク株式会社

執筆
井上賞子　島根県松江市立意東小学校
畑瀬真理子　佐賀県武雄市立西川登小学校
岡本崇　大分県立別府支援学校
青木高光　長野県稲荷山養護学校
金子千賀子　東京都町田市立本町田東小学校
盛光秀之　神奈川県川崎市総合教育センター
伊藤陽子　宮城県仙台市立高砂中学校
徳永みき　鹿児島県鹿屋市立寿小学校
齋藤大地　東京学芸大学附属特別支援学校
永石 浩　佐賀県武雄市立北方中学校
阿保孝志朗　青森県立青森聾学校
近藤 創　香川県立高松養護学校
澤岻圭祐　沖縄県立泡瀬特別支援学校
高野嘉裕　大分県立日田支援学校
亀田隼人　東京都立南花畑特別支援学校
伊波興穂　沖縄県立沖縄盲学校
吉野晃子　島根県松江市発達・教育相談支援センター「エスコ」
城野真妃　福岡県北九州市立小倉総合特別支援学校
齋藤枝里　大分県立臼杵支援学校
中村早希　東京都立志村学園
佐野将大　香川県立高松養護学校
赤嶺太亮　沖縄県立大平特別支援学校
日置節子　大阪府立寝屋川支援学校
押塚雄史　千葉県立東金特別支援学校

特別支援教育ですぐに役立つ！

ICT活用法

ソフトバンクによるモバイル端末活用研究
「魔法のプロジェクト」の選りすぐり実践 27

2018年5月8日　第1刷発行
2020年2月7日　第2刷発行

監　修…………佐藤里美
発行人…………甲原 洋
編集人…………木村友一
企画編集………東郷美和　相原昌隆
デザイン………宮塚真由美
イラスト………竹内奏子

発行所／株式会社 学研教育みらい　〒141-8416 東京都品川区西五反田2-11-8
発売元／株式会社 学研プラス　〒141-8415 東京都品川区西五反田2-11-8
印刷所／株式会社 廣済堂

この本に関する各種お問い合わせ先
●本の内容については　TEL 03-6431-1576（編集部直通）
●在庫については　TEL 03-6431-1250（販売部直通）
●不良品（落丁、乱丁）については TEL 0570-000577
学研業務センター　〒354-0045 埼玉県入間郡三芳町上富279-1
●上記以外のお問い合わせは TEL 03-6431-1002（学研お客様センター）